U0030203

贏在逆境力

16個 打造更好人生的 轉念公式

勵活課程講師群 著

目 錄 Contents

推薦序 ／06

出版序 傳遞世代交替的薪火／黃聰濱 09

擁抱自我

01 在世界的彼端找回自己／丁采婕 12

02 正念引領你向內覺察，找回平靜的自己／吳辰杰 28

03 接納自己的脆弱，但堅持如鋼鐵般的夢想！／李明峯 42

04 將自卑轉化為成長的動力／洪惠嘉 56

05 與自己一步一步的和解／耿美琪 70

06 逆境就是神的祝福／陳詩元 84

07 如實呈現自我，做真實的自己／詹純蓉 99

08 自己的思維，是人生的導航系統／楊程媛 113

Part 02

逆勢飛翔

09 正向觀念是成就一生的關鍵／**李後昌** 130

10 學會更相信自己／**吳岳軒** 144

11 學會欣賞人生另一種風景／**邱柏善** 158

12 翻轉人生的哲理～愛自己／**徐姿榆** 171

13 我的字典裡沒有放棄，只有再堅持一下／**陳宜貞** 184

14 你覺得不是「逆境」，它就不是逆境／**陳柔之** 198

15 面對自我，不要害怕負面情緒／**温盛豪** 212

16 讓自己擁有一群正向的夥伴／**詹歷蓁** 226

推薦序

16 位主人翁雖然年紀與人生閱歷大不同，但他們面對職場、人際、婚姻、家庭、心靈等種種挑戰時所展現的韌性與勇氣，同樣令人動容！真誠吐露自己的人生困境、面對自我的不完美，其實相當不容易，感謝這 16 位作者的分享，給予我們更多翻轉逆境的智慧與鬥志。

—— 前 Career 就業情報總編輯 **吳永佳**

本書絕對不只是則則抽象的心靈雞湯，而是章章有感的真實故事，不只是訴說逆境一定可以克服或如何克服的指引，更透過 16 位真人的視角，讓你知道自己並不孤單，許多人都跟你一樣正面對人生不同挑戰，只要願意，都能「逆勢飛翔」！

當你看完本書，回頭看下方的三念與三動，相信你會更認同且有感唷！

【擁抱自我的三念】

正念：察覺自己 ・ 接納自己 ・ 喜歡自己

轉念：拉高格局 ・ 改變視野 ・ 助己助人

信念：相信初心 ・ 負起責任 ・ 勇敢前行

【逆勢飛翔的三動】

動心：願意放下 ‧ 懂得欣賞 ‧ 擇善堅持

動腦：思考原因 ‧ 優化改善 ‧ 投資學習

動身：拓展人脈 ‧ 勇敢選擇 ‧ 夥伴共行

生活中的點滴都是人生最好的養分，期許大家都找到自己內心真實的嚮往，堅持前行終能站上山巔，回頭欣賞人生美景。願大家都可獲得本書的力量，逆風前行。

—— 簡報快捷鍵 EASY POINT 創辦人 **張家榦**

李後昌老師教我的不只是口才，更多的是堅持與影響力。順境時學著珍惜，逆境時練習轉念，是人人需要學習的重要課題！

—— 樂生療養院 社區醫學部 主任／李後昌老師學友會 會長 **郭紋翠**

面對大環境的變動，如何從來不及的本能反應有效轉換為處之泰然的因應，這將取決於面對逆境時的選擇能力。這本書推薦給每一位不論正處於順境或逆境的你，找到屬於自己關鍵時刻的那把鑰匙，開啟適合自己的道路。

—— TOASTERiA CAFE 人資主管 **陳俊良**

以我自已而言，從去年至今，從斜槓的「轉型力」，又再度經歷了創業中所需的「逆境力」！本書充滿了更多在逆境中人生逆轉勝的故事，在好幾段文章中，我被作者在極度艱難環境中的堅毅，深深的感動也得到了激勵。特別要提到的是，本書作者群中有曾是我的學生、而現在已成為我的夥伴們——岳軒、姿榆、宜貞、柔之、柏善，我很榮幸能有他們一起著作本書；還有其它作者的生命故事，每一篇都是我們在逆境中刻骨銘心的寶貴經歷。願你也在本書中得到逆境中的智慧與勇氣，讓我們一起「贏在逆境力」！

—— 天使亞倫有限公司 執行長 **陳詩元**

成功者背後必定有一段「夏練三伏，冬練三九」的故事。若你正處在「欲渡黃河冰塞川，將登太行雪滿山」的窘境，或是不知下一步該何去何從，來吧！本書有好多真實的人生故事，你將在其中找到你的鍾子期，讓自己未來更好。

—— 影響力教育基金會 專案總監暨人資經理 **劉杏薇**

出版序

傳遞世代交替的薪火

職場的瞬息萬變，在 2020 年的全球疫情中有了明顯的感覺；每個人都有了重要的課題：調整自己職場素養，去適應與面對所有波動、不確定、複雜且模糊的 VUCA 職場時代。

有鑑於此，勵活文化事業旗下的「勵活課程設計中心」，將企業訓練課程中最顯著的需求交叉比對後，邀請授課師資或職場達人，共同淬鍊出職場能運用的觀點或技巧。

淬鍊出來的精華，透過「勵活文創設計中心」集合成工具書籍，將有益、有用及有利的職場素養勝任力，以文字的方式傳遞給每位有需求的職場菁英們。

「贏在職場素養力系列」書籍，期許每本著作的每個文字都能成為種子深植讀者心裡，在職場成長的過程中發芽壯大，成為實際運用的能力，適應未來的挑戰。

文字能被傳遞，智慧擁有傳承，是世代進步的薪火。「贏在職場素養力系列」願為世代交替的薪火，廣傳文字、智慧深耕，為讀者們養成職場致勝的勝任力。

撰文◎ **黃聰濱**

（勵活文化事業創辦人／1766 網路廣播主持人）

Part

01

擁抱自我

接受自己原本的樣子，
並且探索自我一切可能。

01

丁采婕

在世界的彼端找回自己

丁采婕轉念心法：

人生無所謂逆境，用什麼心境去看環境才是人生力量的關鍵。心量放大，格局拉高，其餘的都是體驗！

人生最重要的課題之一，就是認識自我，找到自己的「天命」；而這「找到」，無論是在幾歲，永不嫌遲。傾聽丁采婕的生命故事，你會感覺，聰慧敏銳如她，如同蝴蝶般不斷蛻變，雖過程痛苦艱辛，終能綻放令他人難以直視的絢麗。

家境殷實，在丁采婕成長過程所接觸的環境中，從小不乏接觸到高社經背景的名流，但她自小對物質生活沒有很大的要求和野心，「我的性格雖算不上是匹孤狼，但是不愛埋堆從眾；喜歡盯著人事物觀察，是個很會跟自己玩的人。常帶給別人『特立獨行』的鮮明印象。」

或許，也正是這種不知道害怕、被好奇心求知欲掌控大腦的大膽性格，造就了她相對動盪的人生軌跡吧。

連串生活劇變，曾迫使我退出職場

婚後相夫教子的那二十年，算是丁采婕人生中相對穩定卻也辛苦的年日。在那之前，朋友們都暱稱她是迅猛龍或空中飛人，在沒有手機且女性相對保守的年代裡，已常獨自在世界各地跑來跑去。

在一般人眼中，她的職涯歷程應屬「人生幸運組」，不同的階段總有不同的工作機會主動來邀約。近 20 年時間，除了教學還分別於兩家總部在亞洲的跨國企業中負責財務、內控稽核相關的工作。有趣的是，「我的天賦設計裡，最弱的兩項就是『處理數字』以及『跟人打交道』。數字是真的不夠敏銳；打交道則是因為我活得太自我，慢熟又常懶得理人，除非對方主動，否則與人互動僅止於打招呼。」

老天對她開了這樣的玩笑，「這活脫脫實踐了『莫非定律』裡的怕什麼、來什麼！一直想著磨練我的老天，給了我相對泥濘但有趣的道路，沒什麼麼選擇空間只能悶著頭用力前行，在人生很長的時間裡都是以這兩項短版行走江湖。」

職場挑戰已經十足，生命的無常又發生讓她刻骨銘心的痛！在她心中如同大樹一般的父親，在上海突然因心肌梗塞離世。

多年未見父親，卻因海峽不同端的種種因素，無法前往奔喪。當時精神上的不堪負荷，使她日子過得異常難受，轉以工作來逃避，痲木自己的感受。但過度操勞的結果卻是長了腫瘤，被迫停職住進醫院休養。

父喪已令她難以承受，接著是自己罹患重病，孩子又急需照顧；當時先生在外州工作無法分身，女同事安慰擔憂的丈夫，一來二往之後卻意外演變成外遇的婚姻插曲……；丁采婕的人生活像密集補課似的瞬間壓縮成長，不斷的打擊持續考驗著她的心志。

蠟燭多頭燒的壓力，造成憂鬱症纏身

病後再復出工作時，丁采婕在朋友的熱心推薦下，因緣際會的踏入高科技領域。即使本科學的不是財務會計，經過幾輪愉快的面談後，她順利的進入當時待遇福利都很優厚的北美分公司工作；也許，這就是大難之下必有後福的寫照，但也走向了下一條崎嶇顛簸的碎石子路。

跨產業重新要學習的 know-how 實在太多了。個性好強的她，為了快速的進入專業狀態，每日早到晚退，上班時特別專注用心，埋首於各項資料文件裡苦拚；有機會逮到同事就請教，把咖啡當水喝，經常忘了用餐，一天 8 小時下來，甚至不捨得花時間去上廁所。後來因為太會憋尿，甚至弄到骨盆腔發炎，差點釀成大禍。「傳說中一啟動上班狀態就進入工作狂模式的性格，果然是真的。」丁采婕苦笑著表示。

不出幾日，生性敏感的她很快就發現，不同部門因著利益，各有牢不可破的派系糾葛，而跨部門間還有不同族裔連結護盤的小圈圈。唯一相同的一點是，大家對她這個不知從哪空降來的人物都充滿戒心和好奇，初期互動時特別謹慎不說，還總是試探性的問她，「妳跟這個人很熟嗎？」「那一位妳認識嗎？」千方百計想摸清她的底細。

其實職場多少都有這類的問題，但這情況在注重「關係連結」的中西混合文化裡似乎特別凸顯。原本她就沒有多餘精力去應付這類的表態平衡，後來這些試探和拉幫結派的意圖讓她這懶得拐彎的個性漸漸覺得煩不勝煩，索性公事公辦、一切少廢話;這種鮮明的態度,讓她成為同事的眼中釘,得罪了不少人。

在職場迎接快節奏的高壓挑戰之外，回家後她還得立刻切換成「偽單親模式」的母親。每天下班後不要命的以最高限速衝到中文學校接小孩，還莫名固執的被自己的「潔癖」和「控制欲」制約，堅持要親手做晚餐、照顧孩子，只為了給他們最好的成長與關懷去符合自己心中所謂「好母親」的樣子。

除了家裡的事，這期間還有教會生活圈的事務要兼顧。總想事事圓滿周全、樣樣顧好的要強性格，將原本已蠟燭多頭燒的她，弄到疲憊不堪，甚至常常難過的想：「我為何要活得這麼累？」

心理影響了生理 ，工作、家庭甚至人際信仰等生活瑣事帶給丁采婕的壓力，日益嚴重。47 歲那年起，她開始大病，首先發難的憂鬱症像第一張骨牌，倒下後身體健康也跟著一連串的出問題，進出醫院成了常態。她回顧，「幸運的是，家人和我周邊的日常都很平順。天下本無事，根本不需要我擔心；現在回頭省思當年，其實，所有問題都是出在我這個有完美主義性格和控制慾強的人身上；懂得放手，才讓我的人生漸漸地走回順暢的道路。」

由於身心靈全都拉警報，她開始尋求專業協助，諮商了一年，仍不得解決。每天上班通勤的 9 英哩路程中，她不斷的呼求祈禱上天讓她擁有面對困境的力量，成為固定的習慣；有時工作到一半，眼淚就簌簌的流了下來，常會嚇到洽公的同事。當時正好公司開始業務型態調整，決定結束北美業務，一波波的裁員潮不斷啟動。她實在很希望下一個裁的是她，這樣她就不必用辭職的方式回家休養；但四五波裁員下來，她只是接下了別人離開必需善後的爛攤子。

50 歲的生日禮物，展開自我探尋之旅

喜的是持續禱告，似乎產生了效果。丁采婕先生在工作上有一筆不小、但兩年多來一直等仲裁判定被卡住的款項，在她終於等到了離職通知、打電話告訴先生時，那張支票竟然也在通話前一個小時送到了先生手上，他倆隔著話筒都驚呆了……，覺得一切都有上天最好的安排。

帶著豐厚的資遣費，她充滿感恩的回家，當晚，「我決定離開朝九晚五關在辦公室裡、被冷氣凍到連夏天都要備著雪衣的職場，尋求另一段自我實現的人生。」她決心重新開始投入年輕時最喜愛的獨自遊晃旅行，這是在同一個職場工作了八年後的她當時日思夜夢的願望，也是她送給自己50歲的生日禮物。

50 歲對於她來說，具有不尋常的意義。生日前夕，她在工

作中透過耳機首次聽到了歌手青峰的「小情歌」。像是聽到內心對宇宙求救的呼喊。隨著歌聲不斷的播放，眼淚不可控的必須起身去鎖上辦公室的門鎖，痛快的跟久違了的自己哭一場。

在各種報告和數字分析的壓力中，魔性的旋律和歌詞的意境，讓她久被壓抑的靈魂頓時甦醒了似的，雖無聲但眼淚毫無預期的傾洩而下。聽著觸動內心深處的空靈歌聲，她知道，是時候該為她的人生尋找新的方向了。正好當時人生角色也處於轉換期，於是她正式離開職場，開啟了自我探索的北美自駕獨行。一年多後回到加州，又開始了公益項目和非營利組織的活動。

那五、六年來的所見所聞，令丁采婕感觸頗深，加上有了完整的時間好好和自己相處，重新反思了人生不同階段扮演不同角色時的盲點。「面對過往，我有慶幸、也有悔恨更有了不同的心境，同樣的人事物再度以不同的視角滋養了我。」

當時她開始了沒有既定方向和計畫的旅行，前往北美自駕獨遊和 AT 長程徒步，住在車上和各式各樣的人相處。回到家後不到兩個月，又出發去了東南亞和南亞，旅行了兩年多。疲累時回到美國停留片刻，接著又去了歐洲…… 一直在路上。

「當時的我仍處在尋找自我和心靈復建的途中，內心覺得無論在世界哪裡畫下生命句點，對我都沒什麼遺憾和留戀。所以很敢闖，什麼都不怕，有車就坐，沒車就走，有城市就停，混在當地老百姓的生活裡。」她不喜歡走一般觀光客網紅拍照的路線，丁采婕一直對「觀察人」 充滿興趣，旅程中，她彷彿回到了年少時的自己，自由自在，沒有任何的稱謂和限制。不知不覺中，她毫無意識到自己正一步步的在轉變……

在泰南一座陌生古墓前找回內在力量

有一回，她獨自坐在泰南Ranong一座古老的墓園近兩小時，流下了感動的眼淚。原本旅行是想放逐自我，覺得就讓自己在未知的路上離開吧，但在這過程中，她卻慢慢的覺醒，內在也開始有了力量。

在泰南，丁采婕看見一位清朝官員的家族墓園，隨著墓碑型式一代代的變化，從清代傳統灰色直碑、泰式色彩繽紛到緬式圓頂等的七、八十個不同年紀的墓碑，雖然她去拜訪時，墓園又早已荒煙蔓草，或許後代又如自己一樣移民到了他地。但其子孫把他鄉變故鄉，通婚融合，譜寫出一段段在當地動人卓絕的精采人生，仍教人感動。

她遙想，一個留著長長辮子的清代官員，被朝廷指派到前途未知、連語言都不通的泰南，「若非官場失意，不可能被發配到那麼偏遠的蠻荒邊陲；又若他在當時就放棄了自己的生命和鬥志，那後面的幾代族裔子孫，又如何有機會譜寫出美麗又讓人省思的生命故事，進而扭轉了我往後的人生？更別說我因他轉念之後，立志服務公益，那些因我們的祝福與付出、人生進而得到改變和幫助的許多人呢？這是那位前往蠻荒之地赴任的清朝小官在前途茫茫路程中做夢都想不到的事吧？生命如此充滿韌性，你永遠不會知道上帝將以什麼樣的方式來使用你。」

瞬間，她與那位清代官員的心靈相會；所謂的逆轉，大概就是從那時開始的吧。向來不愛照鏡子的她，有次在一個緬甸民家的破鏡子中，看到了自己的笑容。「我第一次對自己觸動，感到自己挺美的……其實我當時曬得跟炭一樣，臉上還抹了緬甸人慣塗的木粉…… 顯得十分滑稽有趣……但我看到了久違了發自內在的笑容，這個笑容，好美、好真。」。

這一刻，她感受到了發自內心的喜悅，「出生在小康商人家庭的我，卻在這簡單甚至貧窮的國度，才真正感到了人生快樂的意義。」

原來一切的一切，都不來自環境，而是心境。用什麼心境去看環境，才是人生力量的關鍵！

人生無所謂逆境，有的都只是體驗

為了找尋自我存在的意義，丁采婕重新檢視生命，一絲一縷的逐漸看清楚許多事情，對「人生逆境」，有了截然不同的認知。

「感謝老天，在我的個性配置上，一部分十分敏感精明，一部分反應遲頓、傻得離譜。這種渾然天成的搭配，讓我這剛烈的性格幸運的避免作出太極端的選擇，以致於躲過許多可能戲劇化的結果。」許多事在發生的當下，她並沒自覺處於逆境之中;多數都是走過那個人生風景之後回頭看,才驚覺到,「哇！那時真的好苦！難怪別人如此憐惜或同情我。」

同樣一件事，若能不以苦難看待，竟也可以傻乎乎、順利平安的走下來。**所以事件本身不重要，用什麼心態去面對一件事，才是能不能順利過渡轉化的關鍵，這是最重要的體會。**

年輕時，凡遇事不如意，就會定義其為逆境或低谷；然而，

人生在經過更多的風景和體驗之後，會覺得結果不如預期，未必就是逆境，這全都是體驗的材料和過程。就像酸甜苦辣鹹，沒有好不好，只是味覺不同的感受，品嚐了就會吃出不同的滋味。像「辣」其實是「痛」覺，但不以「痛」去定義就會享受到食物的痛快過癮。所以狂風來，就去感受，不必硬想著對抗，而要順勢接受，如此，生命就再沒所謂的逆境或低谷，有的只是「體驗」。

在職場，高敏性格活用特質找出自己的路

回頭檢視職場際遇，丁采婕自知她的個性偏向藝術家性格，重視個人空間，崇尚自由不受拘束。多年來她雖以天賦短版行走江湖，但在一切駕輕就熟之後，制式的工作對她來說就失去了挑戰性，迎之而來的就是一種無聊、受困的心境。不知不覺的，她開始戴上成見和苦毒的墨鏡，後來幾年的職場印象，除了反射式的例行公事，之於她只剩下空氣間討厭的八卦、甜膩膩的下午茶、和爭來吵去的衝突與協調。

旁人眼中的她屬於高敏人，對人際關係具有超強的感受力。在複雜的人際關係中，很多時候看破不能說破，還要有互動往

來，對她而言格外辛苦。

加上那時期教會生活、孩子學校、婚姻和自己的健康同時出現各種問題，讓丁采婕深深感覺，令她失去熱情的不單是職場，而是連呼吸都會感受到難過……。

日本高敏感專門諮商師武田友紀曾說過：「你能想像把熱帶地區的香蕉，挖去北極種植嗎？」其實，高敏人如果身處高壓的環境，卻又一直想要努力，一不小心就會過度努力。遇到這樣的狀況，你可以在現有的工作下，透過溝通做出一些改變；但更要知道，全力的逃跑並不可恥。**若你是個高敏感人，未必要勉強自己，不妨活用你的天生特質，尋找更輕鬆自在的生活方式！**畢竟，身心的健康遠比你的工作更重要！

之於生活，放下完美主義更快樂

之於私人生活，她也自我分析道，「我不算晚婚，但婚後卻總像單身，只不過多了更多的責任。」

她的先生總在不同國家或地區工作，兩個有情人很難聚在同一個空間下，長期以來都是她一個人在照顧小孩。原本該是親子間最能放鬆相聚的傍晚時光，那段時間卻被丁采婕搞得像備戰狀態中的軍隊，一個口令一個動作，孩子上床前真是分秒必爭，一刻也不能放鬆。

因為，對她來說，唯有快點處理完家事，把孩子們趕進房間休息，才能開始在鼾聲漸起的夜深人靜中，毫無打擾的鑽研工作上所需的知識技能。已記不清有多少個夜晚，她根本沒時間回房間躺平，簡便的瞇了一兩個小時後，就著手準備孩子們的早午餐，迎著朝陽又開始一天的日常。

當初一心投入工作的她，沒有辦法多陪伴孩子；如今回到家，和孩子們相處機會多了，丁采婕開始想彌補以前工作忙碌時對孩子的虧欠；但孩子不會等父母成長，他們一路往前，變得跟母親一樣獨立。「不知不覺間，他們早就不需要我了，這點讓我感到失落，開始面對空巢挑戰，也對自我存在價值產生嚴重懷疑。」

先生曾放下工作陪伴了她半年，她衷心感謝，但近距離相處對先生卻越發感覺陌生。當她越來越了解自己後，才領悟，「真正的我太需要個人空間，是一個獨自生活比有伴快樂的女人。」然而先生對她太好，讓她不知如何開口談分開。幸而因著雙方真心的理解和祝福，如今雖然不再是夫妻身分，但卻仍是彼此人生中最親的家人和朋友。

她明白，自己的性格兩極，在豪爽開朗、不計較的另一面，是嚴肅的律人律己、非黑即白。長年下來，自己不察，但周邊和她共事或作為家人的人們，其實都很辛苦。

是隨著年歲漸長、歷練過另一番風景之後，丁采婕才意識到「完美主義」已成為她的框架，是她潛意識裡被成長環境和習性制約下，為自己設定的無形牢籠，苦己損人，沒半點好處。

如今，她吹毛求疵的習慣變得比較隨和與淡定，對許多事轉變成「才多大點事啊！」的心態；心境也從要求完美變成「**從容笑看世間事**」，期望自己能成為內心散發馨香、讓人如沐春風的人。

踏出人生舒適圈，心的視野將無限開闊

面對人生種種挑戰，丁采婕最大的體會和學習是感謝，「我認真覺得人生是來體驗的 ，其它都是浮雲。」因此，她衷心感謝那些願意帶給她不同體驗的靈魂，那些曾令她痛苦生氣甚至充滿愛恨情仇的人事物。「逆境帶給我的最大禮物，大概就是更清楚『自己是如何以各種不同方式被愛著』的醒悟吧。所以

我變得更仁慈和寬厚，因為我明白，所有事件背後的起心動念，都是出自宇宙間對我的愛。那些激烈震盪過我的靈魂們若不是夠愛我，不會在出生前選擇來我的人生中扮演這些艱難的黑臉角色，好幫助我能更堅定的蛻變成更好的靈魂。」

而轉念的關鍵就是把心量放大，格局拉高。「人生格局即便只提高了 5 公分，那麼 5 公分之下的煩惱，就再也不關你的事。」她建議，多出去走走，靜下心來接觸不同的文化和世界，勇敢的踏出人生舒適圈，「先試著打開自己三維空間的物理視野，那麼心的視野漸漸的也會隨之開闊起來。」

她感受到，經過逆境的洗禮，獲得最大好處的人其實是自己，一切身心靈更加展開和健康放鬆。生命繞了一圈，她終於在世界的彼端找回自我；如今她準備好了，蓄勢待發，因為她已找到自己人生下半場的使命—— 投身公益，為世上其他需要協助的人點上一盞燈、開啟一扇窗。過往一切，造就了今日這位更加圓融成熟、更有能量助人、樂觀開朗的丁采婕。

丁采婕小檔案：

- 益師益友協會 副公益長及公益講師
- Grace In Flower　資深花藝設計師
- 陶花山房　藝術治癒及活動策劃總監
- OMCA 人類圖分析師及生活教練
- 北美 OMCA-W 女性自覺生命成長團體及讀書會會長

02

吳辰杰

正念引領你向內覺察，找回平靜的自己

吳辰杰轉念心法：

透過「正念」涵容生命中的每個當下，用愛與慈悲善待自己。
建立彈性的「自我領導」風格，創造屬於獨特的自己。

從 30 歲的那「兩條線」出現開始，吳辰杰在過去 10 年之間經歷了人生中多次的谷底，終於在 40 歲時，才從谷底真正看到未來的目標與希望，進而邁向蛻變的突破之路。

30 歲的一個夜晚，當時交往的女友遞給吳辰杰人生中第一個禮物—— 兩條線的驗孕棒。思慮再三，他決定勇敢的承擔與承諾，花光了當時所有的積蓄（包含贖回所有投資）再加上親友的贊助，總算完成婚宴，同時準備迎接新生兒的到來。

新手爸媽除了照書養兒之外，吳辰杰也盡力在物質與精神上給予最大的支持與付出。而俗話說「小孩會帶財」，那時他獲得了一個從服務業跳槽到科技業的難得機會，薪資也從 30K 跳躍提升至 42K，「如此特殊待遇的轉變，也深刻影響我接下

來 10 年之間的職涯發展。」

在工作與生活上順風順水的過了大約 2 年，之後迎來二寶的誕生，就在全家再次沉浸於喜悅的氣氛中，其實財務的危機已經悄悄不自覺的靠近。

孩子接二連三誕生，家庭經濟與婚姻亮紅燈

本以為太太全職在家的共識決策能夠帶給孩子最重要的陪伴與最精實的財務規劃，前者的確如預期般順利，太太得以全心照顧兩個孩子；但家庭財務卻發生狀況，吳辰杰赫然發現，人生第一回、他的每月應還卡債高於每月薪資收入，「這完全超乎我的預料，也成為我第一次最大的人生抉擇錯誤。」

為了扛起更重的支出負擔，經過與太太的溝通後，吳辰杰決定付出更多兼職的時間。他本以為這樣能夠換來健康的財務狀態，殊不知在這同時間，太太育兒以 1 打 2 的生理、心理壓力也到達了一個極限，偏偏他完全沒有時間分擔。

就在這樣的惡性循環中，「老天爺真的很看得起我，再加碼給了一個更大的挑戰，就是三寶的心跳聲。」吳辰杰苦笑說道。

三寶開啟了他最黑暗的 5 年。為了解決經濟負擔，他選擇更多的兼差、房子再增貸、並且投入高風險的直銷團隊等，一切起心動念都為了撐住這個家，但經濟的壓力，卻讓他忽略了維繫家庭最關鍵的夫妻關係與太太的身心狀態⋯⋯

當整個家庭狀況已處於非常糟糕的狀態下，「我的第二個錯誤決策，就是順著太太的意思，斷絕了這個家的所有外援，自以為能夠獨自奮戰，扭轉這極高風險的人生危機。」

且在這段時間內，吳辰杰也為了太太離開了穩定的科技業，投身到具有更大發展性的業務性質領域。轉換跑道後，由於適應不夠迅速及自身個性略為執著自我，他以每年異動一次的高頻率連續跳槽，吳辰杰事後省思，「這段經歷雖然打下了我最終順遂的重要基礎，但似乎也賠上了我家庭與婚姻的平衡性。」

最終，在發生第二次卡債高於月薪的狀況時，吳辰杰毅然決然的協請第三方機構與銀行進行協商，賠上了過去所有的信用累積，只為了決心換來不再擴大的財務黑洞。吳辰杰慨歎，「當時的我，實際上也幾乎已耗盡所有能夠起死回生的氣力與動力了。」

幸而「柳暗花明又一村」，過往職場的豐厚累積與放開心胸高聲求助後，有朋友將吳辰杰帶入了講師圈，同時他也順利轉換到一份彈性度極高的協會工作，讓他能夠同時兼顧家人陪伴、家庭經濟及新的職涯發展。

但家庭關係的裂痕填補不易，太太仍於吳辰杰 40 歲時上法院訴請離婚，而三個孩子則交由他獨力扶養，繼續承擔並延續著這美好的人生。

邁向講師之路，帶來生涯契機

邁向講師之路，堪稱吳辰杰生涯的重要契機。當初，在他從科技業轉戰業務性質的工作後，輾轉進入到企業管顧的領域，以推薦各領域講師與課程到企業端為他主要的工作，也因此有幾次機會接觸到勵活課程的合作夥伴。直到某一天，他與勵活課程的執行長黃聰濱 Ben 一同前往客戶端提案，開啟了人生另一扇窗。

而就在某一次與 Ben 的交流中，吳辰杰提到自己對於講師這份職業的興趣，就這樣由 Ben 的引薦，他加入了勵活課程的合作講師行列。

這幾年疫情來襲，為講師行業帶來非常大的衝擊及影響，但吳辰杰反倒在這逆境中看見了自己的機會與優勢。

他認為，論職場經歷，他不可能有機會重新累積；論市場聲量，早已有無數前輩占據與壟斷教學市場，「而我唯一的優勢，就是對於數位化系統的理解與操作應變的速度，因此能快速跟上這一波數位教學的風潮；同時也因為沒有『偶包』心態，我反倒能更多元的學習與提升，有機會加速跟上並超越他人，搭著這波浪潮取得未來競爭門票。」

成人學習的要點並非止於知識的單向傳遞，其著重點實際上是類似客製化的問題解決，也就是必須透過多元思維解決複雜的現況，這一部分特別需要「同理與傾聽」的技巧與習慣。

而對於吳辰杰來說，「剛好這項技能就是我擅長的。」從職涯歷程所累積對於人性的理解及與人溝通交流的核心職能，讓他能更快速的抓到客戶或學員的需求，再搭配他能夠快速彙整資訊的能力，往往即能創造有別於其他講師的學習體驗與成效。

差一點就失去，反而教會你珍惜所有！

從 30 至 40 歲度過充滿挑戰的 10 年後，回顧這一切，吳辰杰體悟，「逆境的可貴，在於當你有一天從逆境向上時，會感覺一切格外美好！」同時，人在逆境低谷時，若能誠實對人生檢討覆盤及斷捨離，即能醞釀逆勢翻盤的契機；畢竟，嘗過逆境的滋味，似乎也更能擁有人生的智慧。

他記得，曾有連續 3~4 個月的月底那幾天，他幾乎每日只剩下 150 元可以花費，卻同時需要照料自己、前妻與三個孩子的伙食。當時他的心理狀態幾乎瀕臨崩潰，經常在夜裡獨自落淚；但每每望著熟睡的孩子時，就向自己精神喊話，「我們絕對會有好轉的一天！」

吳辰杰也曾經歷「生死一瞬間」的驚險時，他永遠忘不了 2021 年 7 月的某個週末，那日他獨自開車帶著三個孩子要回彰化，就在從新竹交流道南下約 5~10 分鐘時，突然下起大雨，還沒來得及反應，煞車已踩到底，他的車卻還是直直撞到前方貨車；在飽受驚嚇約半秒內，車子又被後方二輛車分別撞擊，導致整個車輛變形。

人生有可能突然間畫上句點！當時三個孩子因恐懼的哭聲與表情壟罩著吳辰杰，他冷靜的安慰著孩子，也詢問觀察孩子們是否有受傷，慶幸都只有被玻璃噴濺的擦傷。大約過了 3~5

分鐘，他的五感視野總算恢復正常，正思考著如何從一片殘骸中帶著孩子脫困。

同時間，吳辰杰看到窗外有幾位大哥正淋著雨焦急關心，協助將凹陷扭曲的車門設法拉開，此刻有位同姓的吳大哥將後擋風玻璃拉開後，拿了毯子鋪在後車板上，先將三個孩子陸續抱出。最後走出車外的吳辰杰，看著孩子們都平安無事，頓時心中湧起無限的感動。

孩子經過救護人員關照處理後，他們搭警車回派出所作筆錄。在短暫 15 分鐘的車程中，雖然吳辰杰持續安撫著孩子的心情，還是能感受到孩子受到的驚嚇；他自己也望著窗外，雖然心中餘悸猶存，既害怕也難過，仍努力維持心情平靜，因為他知道，自己必須撐住，才能照顧好孩子。而當時他卻未連絡前妻，倆人雖尚未離婚，但在車禍事件發生的前 1、2 個月，前妻已經離家。

就這樣，從車禍到處理完筆錄約 3 個小時，吳辰杰跟孩子拖著疲累的身心回到家中，他趕緊照料孩子清潔與晚餐。此刻前妻突然回到家中，不是先關心、而是劈頭質問他：「你是不是沒有讓孩子繫安全帶？」剎時，他只感覺極度的無力，低聲的說了一句：「先讓孩子進房間休息吧！我們都累了……。」

人無法改變外境，但能透過正念重建自我

意外事件的來臨、家庭關係的破碎，在發生的當下，都會令人感到措手不及、或是無力面對、甚至心生怨懟。

人生、生活、時間，三者之間有著不可分的交叉影響，而如何在需要與他人接觸的狀況下，能夠不受到太多負面影響、持續保持自己的生活節奏，並且接受當下每一刻的好與壞，吳辰杰認為，這部分他大大受惠於自己在2020年正式進入「正念」的練習，甚至於2022年決心開始加入「正念引導師」的專業培訓。

正念中有幾項很重要的精神，包括：**當下覺察，此時此刻、不評判、涵容接納等。**

「當我在面對人生種種無常時所產生的感受，都能透過自我覺察減輕負面的影響及提供自己正面的幫助。」吳辰杰指出，經過車禍意外這些事件之後，讓他更懂得向內自我覺察，並且活在當下，不再輕易評判他人及自己，且學習涵容接納一切外在發生的事。

他形容自己，「正念的練習，讓我真正體會什麼才是對自己而言最珍貴的人事物，同時這些人事物也才真正值得我投注

時間跟精力去經營。」

以車禍事件為例，雖然直到目前為止，每當他行車至前後車距較小、前車後車燈亮起時，恐怖的車禍畫面就會再次浮現，但也由於這樣的警惕，以及事件之後孩子乘車時的自我要求，如今回想起來，他留下的心情就是「感恩」。

「感恩我與孩子都平安無事、感恩有貴人們的不求回報協助脫困、感恩它並未在孩子心中留下創傷……。」吳辰杰說，就是這些種種的感恩深留在他與孩子的心中，因此更懂得珍惜眼前擁有的一切及生命的美好。

面臨重大情緒的當下，吳辰杰提供一個簡單的正念生活練習——三步驟呼吸空間。透過「三步驟呼吸空間」，可以培養我們用開放、不評判的態度，向內在覺察並探索當下的各種情緒，讓我們不再被「自動導航」的生理反應綁架；透過這樣一個「暫停」的呼吸空間，可以切斷身體與負面情緒與感受間的惡性循環，也幫助我們能夠「保持距離」看待當下的困境。

面臨事件，當你覺察自己的情緒正走向極端或失控，不妨透過三次慢慢的呼吸來放鬆身體，**將自己的注意力拉回當下：**

1. 第一個呼吸：把注意力帶到呼吸，留意和覺察自己的呼吸。

2. 第二個呼吸：放鬆身體，把身體緊繃的部位或不自覺聳起的肩膀放鬆下來。

3. 第三個呼吸：問自己在這個當下，什麼是最重要的呢？

人際關係：我想要成為什麼樣的自己？

正念的練習，同樣適用於人際、家庭與情感等其他面向。

古代先人智慧提到「近朱者赤，近墨者黑」，現代許多學者和企業家也都認為，一個人的人際關係是影響個人成功與否的關鍵之一。成功哲學大師吉姆．羅恩（Jim Rohn）就提出了一個理論：你最常接觸的五個人平均起來就代表了你自己，可能影響你的職涯、收入、健康等各個面向，甚至可以據此預測自己的未來會如何走向。

在這樣的意念薰陶之下，吳宸杰也曾經為了要加速蛻變，強迫自己跳入幾個陌生、但又希望從中短期就能改變生命的人際圈，結果不如預期，大多鎩羽而歸。

他進而體悟到，真正能夠改變環境的關鍵，其實是「**我想要成為什麼樣的自己**」。每個人身邊的關鍵五人，的確就像是鏡中的自己，將自己的想像目標具象化，因此可以問自己：我是否有想要成為怎樣的人？ 若有，就能繼續投注精力及資源去經營目前的人際圈；若無，不妨從自我設定的目標鎖定後，逐步的調整，就會逐步發生改變。

吳辰杰並舉自己的故事為例：當他確定要投入職業講師的職涯後，就思考誰會對他當講師帶來幫助？而誰又是在他當講師時最重要的成功關鍵？接著他採取了以下的作法。

1. 為了要提升講師的職能與技巧，吳辰杰開始嘗試接觸更多不同領域的講師朋友與資源，包含進修講師技巧、加入講師社群、在 FB 加入更多講師好友等等。
2. 為了先累積被看見的未來機會（甲方買家），他也開始從 LinkedIn 加入、或追蹤 HR 領域的帳號，打造專屬的人脈圈。

而就在這樣明確且刻意的方式調整下，當自我盤點時，就會發現周遭接觸的人事物，90% 以上都會跟「我想要成為的自己」有著密切的關連性及影響性，讓自己未來的路更加清晰且確實。

情感：當下覺察、避免習慣性的重蹈覆轍

家庭及情感的經營，亦可透過「當下覺察」去改善關係。

當男性獨自帶孩子，作為父親的管教方式與理念確實不同於母親，有時會少了一分感性的理解與體諒，多少也容易與孩子有著一層說不出的隔閡，包含身體接觸、眼神交流等等。

尤其是看到小五的長子開始進入青少年反叛期，對父親帶有些許敵意，他發現自己不能再以單純理性的方式去溝通，否則彼此的衝突將越來越多。

重新思考後，吳辰杰讓自己增加了比較幽默、具趣味性的回話模式，並透過刻意的遊戲增加彼此身體的接觸，總算……親子關係在某一刻發生了改變，長子主動的對爸爸表達關心與提醒，對他身體接觸的接受度也提高許多，彼此關係變得親密。

在這樣家庭氛圍的轉變中，吳辰杰體悟到，自己必須代替母親成為家庭圖畫的「調色師」，「我希望多一點溫暖的橘色、左邊加一點活潑的黃色、或是右邊倒入一些健康的綠色……，這些都是有機會的，但是需要更細心的觀察與付出。」說到此處，吳辰杰的腦海中已浮現一幅美麗溫馨的全家福畫。

在情感面，吳辰杰過往總以為，盡力付出就會讓對方體諒理解、帶來回報，但在婚姻觸礁之後，他有了不同的體悟。

他學習到，與異性相處時，不妨讓自己的步調放慢些，更用心觀察與感受對方所要傳達的訊息，同時觀照自己的感受與想法（當下覺察），不是一味的盲目付出。理解「陪伴的品質」與「最舒適的相處」才是關係得以長久的核心關鍵，要讓雙方都是在最輕鬆自在的狀態下相處陪伴著。

走過離婚、作為單親爸爸及車禍的逆境，往往更能看見與發現人生最重要的寶物，其實自己都已擁有；就算有時孤單覺得冷，還是要持有接納他人的保溫箱。這是吳辰杰對於人生低谷最深刻的註解與領悟。

在接下來的人生中，他除了持續精進學習正念，同時將正念確實融入到生活與教學之中，經由正念帶領自己，透過正念影響更多人，保持彈性且柔軟的心，用愛善解一切，以正念創造更多愛與善的循環圈。

吳辰杰可以，你也可以！

- 用未來的智慧面對當下
- 承認自己的錯誤與失敗
- 敞開心胸擁抱每個機會
- 學會感受最珍貴的擁有
- 開始打造最想要的自己

困境彷彿是心靈的砥礪石，讓生命鍛鍊得更美好

改變找到正面力量，經歷充滿人生價值

原來有些畫面，要夠慢才能看見

看見的開關打開後，生命就會變得很不一樣

看見更美的人生風景，成為更好的自己

吳辰杰小檔案：

· 新竹市企業經理協進會　執行祕書
· 勵活課程設計中心　特約講師
· 台灣正念工坊 MBSR 儲備正念引導師
· 臺灣正念發展協會 MBSR 儲備正念引導師
· ATD AL 加速式學習 引導師／課程設計師

03

李明峯

接納自己的脆弱，
但堅持如鋼鐵般的夢想！

李明峯轉念心法：

與其詛咒逆境中的黑暗，不如試著去點亮生命的光與熱，化抱怨轉念為抱願，成為帶來祝福與希望的「提燈者」。

「不要因為一時的挫敗、或某些人對你的不認同，就否定了自己存在的價值；因為一個人活在世上，不可能樣樣都好。」曾經是班上的問題學生，後來卻投身社會服務、頗受肯定的李明峯這麼說道。

雖然年僅 28 歲，但李明峯從小學三年級起就加入童軍團，積極參與以服務為目的公益活動，迄今累積 20 年的社會服務資歷，成果斐然。

他在 15 歲時就創辦臺灣跨校際、跨領域、跨年齡的青年公益組織「環保星勢力志工隊」，國高中時期就接受總統表揚；在大學時期創立國際志工團前往泰北服務；他在就讀研究所時期及畢業後，四度獲邀為臺灣代表團成員，前往德國、阿布達比、泰國、馬來西亞參加 IAVE 國際志工協會全球及亞太年會，更曾兩度擔任講者向全球各國的志工領袖與代表們發表演說。

李明峯在投入公益與社團服務的這 20 年間，共獲總統七度接見，他個人及成立的公益服務團隊，多次獲得民間團體及各級政府單位的肯定，當選為全球唯一 EE 30 Under 30 Award「全球 30 位 30 歲以下環境教育青年領袖」2022 年臺灣獲獎者、行政院環保署「環保青年領袖」、中華民國「青年獎章」、青少年志工「全國菁英獎」、教育部青年署全國青年志工績優團隊「績優服務獎」等各獎項，也曾得到十大傑出青年基金會、慈濟基金會、國泰慈善基金會等單位的支持。

但在這樣耀眼風采的背後，其實李明峯的人生也曾遭遇不為人知的困頓逆境。

童年曾極度自卑，充滿負面想法

由於是早產兒，李明峯出生時的體重僅有 1,788 公克，是正常嬰兒的一半，剛踏入人世就住進保溫箱。在當時，早產兒的照顧及醫療費用是一筆不小的經濟負擔，一個月就需花上大約

10 萬元。

幸好當年父母沒有放棄，加上醫療人員的努力以及社會福利資源的挹注，例如早產兒基金會的幫助，讓他能夠順利長大。

李明峯說，在他從事志工過程中，認識了很多同為早產兒的朋友，發現有的朋友雙眼失明，有的朋友肢體障礙不良於行，而自己還算健康，「感謝有家人、醫護及社會福利資源的照顧，我一出生就是『被幫助者』，因此一直懷有感恩之心，希望自己有日能成為幫助他人的人」。

或許因為是早產兒的緣故，李明峯小學時個子很矮小都坐第一排，又很愛講話且好動，加上成績不優，曾被貼上了「問題學生」的標籤。

其實他很想跟同學們互動，但始終不得要領；他曾被諷刺、被嘲笑，甚至被取了一些難以入耳的綽號；也遭遇過同儕肢體霸凌，被較高大的同學毆打，導致極度的自卑與無助。

於是李明峯曾有一段時間不想去學校，甚至出現過想離開這不友善世界的念頭，負面的想法如潮水般襲來，他一直無法突破。直到他國小三年級時遇到一個好導師，鼓勵並推薦李明峯去參加童軍團，才讓他了解到，原來在課業之外，自己還能擁有另一片天空。

因童軍開啟服務之路，找到人生另一片天空

李明峯深受童軍「日行一善、人生以服務為目的」精神啟發，成為自己的人生準則。他努力創造正向環境，傳遞良善的觀念，在擔任不同角色與職務的過程中，學習領導及被領導，也學會肯定自己。李明峯從助人當中發現，施比受更為有福，從此步上人生不悔的志工路。

進入國中階段，李明峯一心想自我突破，於是毛遂自薦去選班長、副班長等各班級幹部。有趣的是，新的班級根本沒人認識他，也沒人注意他；他不死心地一直舉手，舉到第 12 次，終於他當上了環保股長。

也因為這個絕不放棄、舉手到被選上為止的舉動，得到同學們的認同，他從此有了一個新的綽號——打不死的「小強」；從此，「小強」的人生轉換了全新氣象，有了不一樣的開始；對李明峯來說，這是他心境上的一個重大突破，而在國中生涯的三年中，他一直都是永遠的環保股長。

這綽號成為他改變自己的契機，在李明峯之後的生命中，即使遇到許多挫折，依然堅強並堅持不懈的去達成自己的目標，不被挫折打敗。

少年時期的領悟 —— 自勝者強

國小、國中時期成績落後，李明峯花了比別人更多努力才考進臺北市立松山工農，持續參與童軍的服務活動，更創辦青年志工團隊，還擔任學生會長，受到各界矚目。但在以往那個成績至上的年代，他的觀念並非主流。

許多師長或同儕普遍認為，學生時期的任務就是好好念書、取得證照，一直參加活動常會被認為是不務正業；但李明峯透過「志工服務、關心環境、社團參與」多元課外學習方式來成長自己，就憑著一股傻勁加勇氣，不因顧慮現實面的種種問題而放棄，他始終堅持理念。

他曾為自己設立一個目標，在 18 歲那年要取得童軍最高榮譽「國花級獎章」，為達到這目標，必須通過層層考驗，要一路先從「初級」、「中級」、「高級」、「獅級」、「長城級」才能晉升至「國花級」，同時須取得至少 15 種以上專科章，也包含多個指定項目；在這漫長的達標過程中，不擅長考試的他因為要花較多時間準備，但並不是每次都能順利過關，甚至還有多次重考的經驗，因此曾使他感到灰心喪志。

尤其是在最高榮譽「國花級」前一階段的「長城級」，當時必須通過游泳專科考驗，但不諳水性的李明峯花費多年時間考了三次都沒有通過；然而「萬事俱備，只欠東風」，他早已提前完成「國花級」童軍所有的考驗項目，只剩下通過游泳專科章就能取得「長城級」最後再晉升至「國花級」，卡關多年的明峯曾被其他人調侃，不少人認為他晉級無望了，但他不願放棄，處處請教，甚至請游泳教練做一對一的游泳訓練勤奮練習，從夏天游到冬天，重考第四次才終於通過游泳專科章考驗！

「不經一番寒徹骨，焉得梅花撲鼻香」，他體會**唯有能夠戰勝自己，才是真正的強大**，從磨難中自我突破，流過無數汗水與淚水，用學習跟努力來克服身體的不適及心理的障礙，終於順利圓夢取得童軍最高榮譽「國花級獎章」。

在高中時期創辦服務團隊，李明峯難免面臨他人的質疑跟不看好，但他知道，若太在意別人眼光，就永遠不會成功。於是他從自己周邊的三五好友開始，組成團隊投入各項環保公益活動，慢慢串連起北部各校，而後擴展至全國。

那時因為是年輕學生組成的團隊，他們沒有什麼資源，若是要爭取學校或校外社團的贊助，就得嘗試撰寫企劃書與提案，也要學習如何去與社會對話，促成連結。

於是年少的李明峯主動四處發送自己的手寫名片，將交換來的聯絡資訊記在筆記本上，並尋求支持，換到很多合作機會及支援。曾在 2012 到 2013 年期間，靠著一張名片，他與某企業基金會開啟公益洗車計畫合作機會，扣除成本後，一天就募集到 11 萬元，解除了經費短缺的問題；如今他這 20 年來透過企劃提案、競賽、演講等方式連結資源已募集超過 235 萬元投注公益行動。

兼顧理想跟本分始終是大挑戰，李明峯當下所做的抉擇是，「先把握當下，做好自己每件想做跟能做的事情；因為未來的人生難以預料，之後就未必能做到自己現在想做的事，不要讓今日的選擇成為明日的遺憾。」

從至深的傷痛中體驗真正的堅強

原先過去曾是學習低成就問題學生的李明峯，憑藉著如小強般堅強的毅力，再加上比其他人更多倍的努力，最終進入玄奘大學社會福利與社會工作學系，以全系第一名畢業，再推甄考進錄取率極低的國立臺灣師範大學公民教育與活動領導學系碩士班。他從沒放棄自己的助人志業，除了加強自身專業領域學習，更積極地投入環保、公益、演講、社團等等各項活動；卻也因為自己的使命感過強，長期熬夜作息不正常，付出健康亮起紅燈的慘痛代價。

明峯曾多次在家倒下，被醫師警告必須緊急住院治療不然有生命危險，經醫師診斷，他患有重度呼吸睡眠中止症，往後睡覺都必須配戴呼吸器並定期回診。這對極度努力的李明峯而言，是重大的挫折，他擔心因為身體的狀況，耽誤了自己應該要做好的事情。

也是病痛讓他學會調整生活作息，提醒自己，燈不能 24 小時都亮著，在追尋理想的過程中，雖然有很多使命及希望達成的事情，仍要記得適時熄燈，適時地讓自己休息一下，才能持續走得長久。

「要達成人生的目標，一定要先照顧好自己，才能幫助更多的人」，他說。

然而，在李明峯即將取得碩士學位的前夕，一直支持他的父親被發現罹患了癌症，從發現到離開，不到半年的光景。

大部分投入助人志業最常面臨的問題，就是遇到家庭的擔心跟質疑，而父親及家人對李明峯的肯定，一直是他最珍惜、也是支持他走下去的最大力量。因此，面對生命的無常，至親家人突然離去，讓李明峯陷入極度悲傷的情緒中。

尚稱慶幸的是，在父親離世前夕，他已順利拿到碩士畢業證書，足以告慰病中的父親：當年那個被認為不成材的兒子，現在學業上有了成就，還拿到碩士學位。

李明峯將失去親人的悲傷化作為前進的動力，努力讓自己成為家人的驕傲，也重新反思自己的生活，學著去好好與自己、家人及身邊的夥伴相處；他學習到其實自己不需要過度逞強，**「做好自己，接納自己」，才是真正的堅強。**

逆境中所得到的生命禮物

「世事很奇妙，老天爺總喜歡時不時地送給你一點驚喜，不管好的壞的，只要能度過關卡前進，都會讓你的人生變得精彩起來」，李明峯笑稱。

突破種種困難後，李明峯體悟到，「沒有暗礁，怎能激起美麗的浪花，因此挫折逆境並非是壞事」，換個角度來看，正因為這些逆境，讓自己的人生更加充滿活力。他也建議青年學子，趁著年輕、人生的容錯率高，或許可以多去嘗試；越早遇到逆境，在突破的過程中，越能學習到更多經驗。

李明峯以自身綽號「小強」勉勵大家，人生遇到逆境並不可怕，可怕的是因此一蹶不振；逆境是上天給我們的禮物，讓我們在生命中學習成長，在未來面對更多挫折時，將能在逆境中越挫越勇。

從過往的逆境中，感覺自己最大的學習及體會是什麼？李明峯這樣與大家分享：

1. 領悟「**人生不是得到，就是學到**」，因為這些逆境挫折使自己變得更加成熟。人生沒有絕對的成與敗，現在尚未成功並不代表永遠會如此，一切取決於自己如何看待；若能掌握關鍵加以優化，也許就有機會看到改變的可能；不必把得失看得太重。
2. 願能讓自己成為心更柔軟、但能堅持如鋼鐵、積極面對挑戰的人。**堅持不是把心封閉起來，一路向前衝，而是心要柔軟，能接納世界的不美好跟自己的不完美，以堅強正向態度迎接挑戰。**

如同 831 樂團在《鋼鐵人》這首歌的歌詞：「沒有人真的是鋼鐵超人，但我們有機會做回我們，才了解最偉大原來是堅持如鋼鐵的凡人，去改變、去抗爭，**變身為有鋼鐵夢想的凡人。**」

3. 老子說：「**勝人者有力，自勝者強。**」真正的強者不在於贏過多少人；而是能戰勝自己的恐懼跟不足；真正的強大在於內心的堅毅不拔，面對挫折仍能堅持不懈，笑著走到最後才是真正贏家；要學習經常盤點自己的優勢及弱勢，人生是跟自己比較，而不是跟全世界計較。

克服自我的脆弱，轉念找出新可能

由於過往負面挫敗的成長經驗，李明峯渴望被別人看見獲得認同，但過度在乎別人的聲音、想法或期待，反而容易自我設限。面臨逆境時，要如何克服自己脆弱的那一面，尋求突破，他認為轉念是值得嘗試的方法：

1. 相由心生，可以運用美國心理學家艾利斯（Albert Ellis）的「情緒 ABC」理論，去覺察自己的非理性；人會因為不理性的信念，產生情緒困擾進而影響最終的行為結果。「情緒 ABC」指的是：

   A —— **事件**（Activating event），例如提案沒有錄取。

   B —— **信念**（Belief），產生負面情緒反應，開始抱怨「為什麼不……」「一定要……」「必須去……」等等，進而影響士氣，產生憤怒、厭世等情緒；所以面臨逆境時要反省自己，練習跟學習去覺察出自己的不理性信念，並且做出轉換。例如省思獲選者有無可學習或合作之處？回想自己有哪些不足、及哪些應該修正的做法？把非理性信念轉為正面的理性思維。

C ——**結果**（Consequence），事出必有因，放下過去的挫折經驗，思考從本次事件中學到了什麼，未來就知道該如何改變，並達成自己的目標。

2. 從逆境中提升自身心理韌性，像個彈力球，越受到壓力，回彈就越高；從逆境中學會包容、以及更強的應變力；理性看待逆境，正因經歷過挫折才知道可行與不可行的方法是什麼，進而擴張生命的厚度及格局，把視野放大，積極去創造屬於自己生命獨一無二的價值。

   勇於去擁抱不確定，不要害怕失敗，因為經驗是我們最好的老師；也要學著好好與自己共處，成為內心真正強大的自己。

3. **打造逆風飛翔的「FLY 轉念心法」**

   F ——發現（find）：在逆境中發現、覺察自己的情緒、優劣勢跟狀態，進而反思未來可以做什麼？天空很大，沒必要把自己擠在小小的一片雲下，轉個信念，或許就能發現另一片天空。

L —— 解放（liberate）：宣洩情緒抱怨完了，下一步就該思考如何去改變；要知道因為不習慣、不喜歡、不適合，所以才有讓世界更美好的改變。莫要自我設限，試著去解放、活出更自在的自己，去看見不一樣的可能。

Y —— 嚮往（yearn）：以終為始，回到目標設定的開始，思考自己想成為什麼樣的人，做出成為自己想要的改變。逆境只是路上的曲折，是走向最終目標、將是一段成就英雄之旅重要的里程。

恆持初衷，成為在黑暗中的提燈者

李明峯鼓勵大家，「**用你的笑容改變世界，別讓世界改變了你的笑容。**」也許這個世界並不那麼美好，面對失去與挫折，可把焦點放在你擁有的事物上；願你在成長歷程的順境與逆境中，都能時時保有最單純的初衷。

希望每個人都能成為在黑暗中的「**提燈者**」，除了堅持努力不懈外，還能讓自己的心態變更謙卑柔軟，點亮自己跟他人，驅離黑暗；不要因為受過傷而麻木冷漠，勇於挑戰自我，從突破逆境的過程中，成為更光明、更溫暖的人。

如同他對投入公益的執著與熱望，李明峯更期待，每個人不是只追求自己好，而是大家一起來努力，讓社會因為有你有我而能變得更好。

李明峯（小強）小檔案：

【二十年公益服務經驗，獲總統七度表揚】

· 環保星勢力志工隊創辦人 / 資深推廣講師
· 國際青年星拾力協會 (IYIPA) 創辦人暨秘書長
· 全球唯一 EE 30 Under 30 Award「全球 30 位 30 歲以下國際環境教育青年領袖」2022 年臺灣獲獎者
· 第一屆臺灣傑出永續青年獎得主
· 行政院環保署第二屆環保青年領袖
· 財團法人十大傑出青年基金會專案企劃兼志工隊長
· 英國劍橋 ® FTT 引導式培訓師（國際認證）
· 美國 AL 加速式學習引導師（國際認證）
· 勵活課程設計中心特約講師
· 《贏在轉型力》暢銷書共同作者
· 中華益師益友協會公益長
· 教育部青年發展署竹苗青年志工中心業師
· 中華民國 101 年青年獎章 (助人類) 得主
· 國立臺灣師範大學公民教育與活動領導學系（戶外教育與活動領導組）碩士

李明峯 Linktree
https://linktr.ee/scoutlee303

04

洪惠嘉

將自卑轉化為成長的動力

洪惠嘉轉念心法：

相信自己，正向積極面對未來；善用優勢，走出自己成功的路。

大學時代念的是幼兒教育，研究所時攻讀諮商專業，返國後從事助人工作直至今日。這樣的生涯發展對於洪惠嘉來說，不僅是她的圓夢之旅，亦是一段自我療癒的歷程。

童年記憶充滿自卑、欠缺安全感

洪惠嘉的成長歷程，是一段掙脫「自卑」情結、奮力向上尋回自我的旅途。她娓娓道來，從小生長在台南鄉下，在家排行老二的她，因為長相不算出眾、嘴巴也不太甜，父親只疼外表漂亮且很像他的姊姊，不疼愛她，令她始終很自卑，

「記憶中，親友的聚會爸爸最愛帶姊姊一起去，他從來沒

有帶我出門過。」洪惠嘉說。

因為得不到父親憐愛，洪惠嘉形容自己內心極度沒有安全感，總是黏著母親不放；但母親常必須去田裡工作，只能將幼小的她獨自放在田埂上，無暇照顧，冬季天寒，便只能留她在家裡，她常為此哭上一整天；父親嫌她哭得很煩，就把她關進廁所，一關就是一整天……

這些印象構成了洪惠嘉重要的童年記憶，「長大後，我慢慢知道，哭沒有用，父親並不會疼惜，反而會遭受懲罰。我知道要讓自己變強，才不會受制於人。我學會順服，至少跟父親和平共處，然後努力讀書，想辦法靠自己的能力去外面奮鬥。」這樣的想法，在洪惠嘉的心靈中逐漸萌芽。

國高中時代，跟姊姊、弟妹相較課業成績普普的洪惠嘉，仍舊顯得不起眼；鄉下學校的資源比較欠缺，要找一本書可能都得花上許多時間。這樣的自卑心理令洪惠嘉更加確定，「將來我一定要去都市讀大學、工作！」

大學開始積極追求不一樣的人生

後來，洪惠嘉奮力考上位於台北市的台北市立教育大學。

自小在人前害羞、怕生的她，進入大學後積極參與社團及各類活動，似乎原本熱情活潑、愛說話、喜歡與人互動的性格，在這段時期也獲得了解放。

大學時念的是幼兒教育，但她逐漸發現，自己對於幼兒教育沒有什麼興趣；雖然喜歡與人接觸，但她更偏愛跟成人或比較大的孩子互動。大學畢業後，洪惠嘉考慮轉念諮商，但台灣與諮商輔導相關的院所在當年非常少；加上她深深嚮往海外的環境，因此決定：「我一定要完成出國留學的夢想。」

想要出國讀書，父親又強烈反對了，重男輕女的父親，認為女孩子根本不需要讀太多書，反正將來也是要嫁人靠先生養的；幸好母親的家族中女性也多高學歷者，母親私下支持洪惠嘉，甚至提供經濟援助。

父親不同意，對於洪惠嘉來說只是加深了她「一切靠自己」的信念。知道自己的英語不理想，她就去芝麻街總公司擔任幼兒美語教材編輯，白天接觸英語，晚上再去補習英語，「當年公司中同事大都是從海外留學回來的，也多是英語教學專業；而我學的是幼教，明明工作表現差不多，我的待遇似乎就是比別人矮上一截。這些現象也令我感到不甘心，決心更努力學好英語出國去。」

三年後，她終於順利申請到英國布里斯托大學諮商與輔導研究所。

英國的研究所當然不是好混的，一開始去英國時，英語還是不夠靈光，卻突然得面對全英文的教學環境，並且用英文寫作，而且洪惠嘉是自幼兒教育轉攻嶄新的諮商輔導領域，壓力山大。

「由於去國外讀書是我自己的決定，即使再苦，我也要撐下去！」好強的洪惠嘉對自己這麼說。整個留學生涯，她每日咬緊牙根從早讀到晚，按表操課，保持作息正常並定期運動，才終於撐過研究所的強大壓力，如願畢業。

走出諮商室的非典型心理師

回國後，洪惠嘉在新竹地方法院的觀護人室擔任心理輔導員的工作、和東莞台商子弟學校輔導老師，累積許多助人的經驗。

每個心理師有自己偏好的路線，喜歡接受挑戰的洪惠嘉，總是想要嘗試各種不同的族群；也是在這些截然不同的領域，學習許多。

像是在觀護人室輔導那些受保護管束的青少年，到最後都會發現，「有問題的孩子多來自於問題家庭」，太多問題孩子來自破碎的原生家庭，或是在父母不當的管教下成長。因此許多時候，父母改變了，孩子才能改變。

這樣的發現，令洪惠嘉體悟，若想改善青少年問題，必須回頭自他們的原生家庭著手，這也促使她之後積極推廣親子教育，甚至成為教育部定的親子教育講師，「我希望以自己多年輔導的經驗重新教育父母，協助他們以更好的方式與孩子互動，重新開啟親子之間那一道溝通的門。」

2006 年，她繼續去台北市立大學進修博士班，除了在台北市內湖健康中心、杏語心靈診所和國中小擔任駐區心理師，也開始去接一些社區講座，宣導正確親職教育和心理健康。

後來，洪惠嘉又到基隆地方法院擔任心理測驗員工作。2010 年各縣市的學生諮商輔導中廣徵學校心理師，她也獲聘到苗栗縣學生輔導諮商中擔任心理師工作。

2012 年各縣市國中普設專任輔導教師，當年洪惠嘉考取苗栗縣國中專任輔導教師，由於之前都在都會區工作，所以這一次，她選擇了到一所偏鄉國中擔任專任輔導教師一職，一直到今日。

擅長以熱情及專業激勵他人

身為一位心理師，洪惠嘉除了具備專業的知識、豐富的助人經驗，且她熱愛學習，讓自己在專業知識上與時俱進，知識更新跟得上時代，同時具備積極健康的心態、診斷問題並處理問題的能力。

因此，她的專業優勢在於：融合專業知識、善於分析問題、激勵聽眾。與其他心理師比較起來，洪惠嘉的性格比較不喜歡坐在諮商室裡面，而是更喜歡主動出擊走入人群。她自我形容，「我覺得自己是『問題導向』，我不會故意把輔導期拉長、好收取更多費用，而是傾向於『對症下藥』，有時候可能力道稍重，但這也算是我的風格吧。」

另一點令洪惠嘉感到自傲的是，「當我給個案任何建議時，一定是我自己親身嘗試過、並且有效的方法，才敢去教別人。」她認為這是一種負責任的態度，「就像我談親子教育，那麼自己的家庭、孩子一定要顧好好，才能將自己所學運用在個案的身上。」

「要求別人前，先要求自己」是洪嘉惠做人的原則，像是為了以身作則，鼓勵女兒去考多益，她也同時去念博士班，向女兒證明：「我這種年紀都可以做到，妳也可以！」

考心理師時心力交瘁　蠟燭三頭燒

在這樣的生涯中，洪惠嘉也曾遭遇重大的挑戰與關卡。

一次是在她報考心理師的時候。當初考心理師時，洪惠嘉白天有全職工作，同時攻讀博士班，晚上還得要自己照顧兩個小孩，在沒有其他外部資源支持的狀況下，第一次考心理師時，她差了幾分而沒有通過。

但是在諮商領域，許多工作都要求須具備心理師證照，否則步步難行。洪惠嘉心裡明白，證照是非考不可，但是光著急也是沒有用的；畢竟自己的家庭長期是處於「偽單親」的狀態（先生長期在中國大陸工作），時間很難擠出來。

於是，她先把自己的心情穩下來，為自己訂定讀書計畫，每天盡量讓兩個孩子早點安頓好，之後再靜心讀書。如此勉力拚了一年後，終於如願考到心理師證照。

偏鄉教書大不同　挑戰受挫力

另外一次面臨關卡，則源自於她 10 年前選擇到偏鄉教書。雖然說她喜歡接受挑戰，但是當初選了一個自己完全沒體驗過的偏鄉學校任教，去了之後，才發現自己太「異想天開」。

怎麼說呢？在偏遠的鄉下，由於長期教育資源的匱乏，以及家庭環境比較處於弱勢，這裡的孩子普遍學習動機是極其低落的，對於自己的未來也沒有什麼方向及目標。「一輩子都很自律的我，突然面對這些毫無學習動機的孩子，讓我感到非常受挫。」洪惠嘉形容道。

感覺即使做了很多努力，狀況卻無改善，令洪惠嘉一直想轉回都市教書，但她發現，再要轉校很困難。

「既來之則安之」，既然不可能轉走，洪惠嘉開始思考因應之道，「我在想，有些小朋友既然不擅長讀書，很難自課業成績上獲得成就感；那麼，要如何讓學生們找到自己的亮點，尋回讀書、學習的動力呢？」。

觀察這些小朋友的日常，洪惠嘉發現，大多數學生偏向技職導向；也就是說，雖然學科成績不優，但是這群孩子很喜歡動手做，同時具有豐富的創造力。

於是，洪惠嘉在學校創立廣播社，帶領一群學生走出校園，在自己最熟悉的社區進行深入觀察及記錄社區活動，也記錄、凸顯每個學生的亮點，讓有天賦的孩子有機會上台說話、寫稿、拍片、畫畫、擔任主持等。她也帶頭舉辦感恩的活動，讓學生更認識自己所處的家鄉之美，並且學習對周遭的人事物表達感恩；慢慢地，這樣的活動有帶動了更加和諧的校園氛圍。

為了讓學生的轉變能夠被更多人看見，洪惠嘉終日絞盡腦汁，畢竟偏鄉學校比較難受到主流媒體的關注。於是她將辦理的活動紀錄變成一份友善校園教案，帶領學生拍片出去參加比賽，讓她在2019年獲得杏壇芬芳獎，果然吸引更多人投注目光。

克服逆境，永不放棄拚搏

談到生命中的逆境，感覺對於洪惠嘉來說，即使是逆境，對她來說也算不上是什麼大不了的事，「我覺得人生起起伏伏是常態，我把逆境當轉機，隨時調整自己的步調，突破困境迎難而上。突破困境雖難，但自我放棄更糟糕，所以永不放棄是克服逆境必要的手段。」

面對逆境，自我願意「拚搏」是最重要的，自心理學的專業角度出發，洪惠嘉認為，「20 歲之前的我們，難免受原生家庭的影響；但 20 歲之後的我們，是有能力為自己的人生負責的。」

以她自己為例，大學之後的她，努力完成自己到城市求學、到海外念書、以及以諮商助人的職志，再也不是昔日自卑自憐、害羞怯懦的小女孩，而是走出悲情、甚至上了講台可以侃侃而談的講師、專業心理師，展翅高飛，綻放璀燦的生命之花。

在輔導的過程中，洪惠嘉也看到許多人，擺脫成長歷程的不堪過往，走出自己另一條路。她並舉例，曾輔導過一位女性，年幼時被母親賣身成為男人的性奴，長大後還差點被人性侵，「她的人生夠淒慘吧！直到成長後，她仍常常夢見自己的身體被侵犯，在那樣的噩夢中難以醒轉。」

但洪惠嘉協助現在已 30 歲的她，不斷回溯自己的童年經驗，在這些回溯中認清、面對現實，並且賦予案主能力——感知、覺察、適度反擊。她告訴個案，「幼年的妳年紀小，所以無法抗拒母親的情緒勒索；但成長後的妳是有能力拒絕的，妳可以選擇不再與母親往來。」

當初，這位女性是由她的教友帶來做輔導的，因此洪惠嘉提醒她，「雖然母親不珍惜妳，但這個世界上一定有愛妳的地方、愛妳的人（例如教友）。」

總之，**逆境不是長久，不要放棄為自己拚搏！**

你有能力做不一樣的選擇！

有一段期間，洪惠嘉協助許多高社經地位的夫妻進行婚姻諮商，她發現，許多婚姻中存在著嚴重的婆媳問題；而這些婆婆一味寵溺兒子、為難媳婦，其實也是不自覺地在 copy 自己過往的生命經驗（自己以前也被重男輕女的婆婆為難過）。

輔導家暴的婦女時，也不難發現，施暴者與受家暴者，有時也是不自覺地重演著自己過往的生命經驗，例如施暴者也有曾被暴力對待的童年，或是被家暴者自小在原生家庭中習慣了討好別人、委屈自己。人們往往難以擺脫童年養成的行為模式，一再惡性循環。

正因為自己經過心理學的洗禮，洪惠嘉總是提醒這些案主：感知、覺察、適度反擊，捍衛自己的權利，不要為他人而活。因為，「你有能力做不一樣的選擇！」當然，這背後也需要一定的「增能」，例如教導遭受家暴的婦女一些方法，逐步翻轉命運，擺脫對先生的依賴，並設法撼動她「恐懼改變」的意志，畢竟許多婦女也被孩子綁住，深怕失婚對孩子造成負面影響。

除此之外，面對生命困境，洪惠嘉提供以下建議：

- **尋求社交支援**：尋求朋友親情關懷，像她自己就是不斷擴大自己的生活圈，結交不同領域的朋友，甚至常呼朋引伴出國旅行，豐富自己的人生，並找到可支持自己的朋友。

  洪惠嘉特別強調，遇到問題不要害怕求救。「自尊」往往是阻止一個人站起來的最主要原因；反之，洪惠嘉總是提醒遭逢逆境的人抱持這樣的心態，「求救一點也不丟人， 就算被 49 個人拒絕也沒關係， 我相信一定可以找到能夠幫助我的人或方法。」

- **正向思考**：與其坐困愁城，不如另謀他圖，碰到問題怕也沒用，重點是要有解決問題的態度。洪惠嘉認為，「逆境是生命向上的動力，是上天給我的挑戰，處逆境就要正向思考，只要自己不放棄，問題就可解決，只是時間未到。」

- **抱持不放棄的態度**：處逆境時，洪惠嘉不曾放棄，始終相信一定能找到克服問題的方法。有時，轉念就能把問題解決了，就像她在偏鄉教學遇到的困境，換個角度思考，總能找出另一條可行之路。

維持心理健康，才能練就波瀾不驚

如今，越加成熟的洪惠嘉，從生活層面讓自己隨時保持在相對理想的狀態，即使面對生活中的波瀾，也能從容面對。因此，談到「逆境力」，其實平時就要維持自己的心理健康，建立良好的生活習慣，遇事才能耐受壓力。日常生活中培養「抗壓力」的方式包括：

- **保持樂觀的心態**：洪惠嘉強調，不要怕失敗，「失敗再多次都沒關係，只要最後成功就好。」
- **每日運動**：助人工作常須聽很多人傾倒心理垃圾，因此洪惠嘉每天固定作重訓及有氧運動，幫助她釋放壓力，正向思考。
- **終身學習**：抱持不斷學習的心態，讓洪惠嘉一直有克服困難的勇氣，甚至透過科技或網路更容易吸收新知、找到克服逆境的方法。

總之，在生活中保持樂觀的心態，不輕言放棄，不害怕失敗，養成正向思考的習慣，並且記得隨時感恩自己目前所擁有的一切，你也能培養出衝破逆境的強大心理素質。

洪惠嘉小檔案：

杏語心靈診所　諮商心理師

國中專任輔導教師

University of Bristol 教育碩士（主修諮商與輔導）

台北市立教育大學　教育研究所教育心理組博士候選人

國立陽明交通大學　教育研究所教育心理組博士班學生(108 年迄今)

22 年以上的專業助人與教學工作經驗

108 年杏壇芬芳獎

現任教育部親職教育　合格講師

現任苗栗地方法院　程序監理人

現任新竹地方法院　家事法庭特約諮商心理師

現任勵活課程設計中心　合作講師

05

耿美琪

與自己一步一步的和解

耿美琪轉念心法：

願意真心的去接受每個不夠好的自己，才有機會讓自己變得更好！

耿美琪，一位生命勵志的演說家，也是經常被各大學邀請去分享生命教育的講師；她年幼時因脊髓損傷，需終身依靠輪椅代步，雖然現在才 27 歲，但她勇於挑戰自己，為生命寫下許多精彩的故事。

耿美琪曾兩度獲得「鴻海教育基金鴻海獎學鯨計畫」的肯定，於 2020 年頒獎典禮中，受邀演說，在鴻海集團創辦人郭台銘先生面前分享自己的生命故事，令郭董十分讚賞，在之後致詞時，他還引用耿美琪所說過的話勉勵大家，給予耿美琪極大的肯定。

18 歲時，耿美琪因為獲得「全國總統教育獎」及「台新青少年志工菁英獎」（原名為保德信青少年志工菁英獎），於同年兩次進入總統府接受頒獎；20 歲時，她將個人志工服務紀錄片授權給康軒教育出版社，成為國中學生課程教材裡的主角；22 歲時，她克服肢體上的不便，挑戰自己一個人去韓國自助旅行；25 歲時，她克服一切困難，完成研究所學業；26 歲的她，矢志成為生命教育講師，用生命影響生命。

對一個身障者而言，耿美琪的努力被大家看見，她的成就也深受肯定，但在這些耀眼紀錄的背後，耿美琪一路走來倍加艱辛……

家道中落，從富二代變成負二代

耿美琪家中以前是開家具店，她 7 歲時的某天半夜，突如其來的一場無名大火，燒掉了家中幾乎所有的資產。一夜之間，家境從小康變成負債，全家頓時陷入經濟困境，她也從富二代變成「負二代」，「以前能去的餐廳，之後都不能再去了；以前能買的東西，也都不能再買了。」

甚至，有時在半夜，還會聽見一群人用力敲著她家的門來討債；爸爸出門時，他們就立刻包圍著爸爸，輪流指責他；那時候耿美琪還小，不完全清楚到底發生什麼事情，只是感覺到深刻的恐懼，和弟弟一起哭泣。這時，媽媽會立刻鎖上房間的門，並且壓低聲量，抱著她和弟弟安慰著：「別害怕，媽媽在這裡。」。

碰到這樣的巨變，最令耿美琪心懷感謝的，是她的父母親並沒有因為這件事，而給了耿美琪任何負面的觀念，也不會讓她對債主產生仇視的心態，反而時刻提醒她，不要去糾結於自己失去了什麼，而是去看見自己仍然擁有什麼，一定要懷抱感恩的心，好好生活。

後來她的父親努力工作，腳踏實地，支撐起家裡的經濟，也努力的慢慢清還債務。耿美琪記得，父親曾說過一句話，或許只是隨口的一句，但是對耿美琪影響頗深；在日後的生命旅途中，只要遇到困難，她就會想起父親這句話，讓她更能勇敢向前！

「老天給我們任何的挑戰，一定有祂的用意，不要害怕，勇敢接受吧！」

因被霸凌而失去自信，因被愛而尋得自我

耿美琪因為脊髓損傷導致行動不便，必須依靠電動輪椅代步。但在她小學那時代，學校的無障礙環境沒有現在那麼好，反霸凌教育也不盛行，因此她的求學過程並不好過。

讓耿美琪印象最深刻，是在小學 1 至 3 年級時，因為她的成績很好，總位居全班前三名，有一位成績也不錯的同學家境優渥、身體健康，但成績不如耿美琪，或許有些出於嫉妒，就常常對她惡作劇；班上還有些小團體，也或多或少對她有不洽當的舉動。

有一次，耿美琪放在抽屜裡的書，被同學丟在地上，同學踩著她的書，就是要看她笑話；還有一次，耿美琪從輪椅轉坐到座位上時跌倒了，她自己從地上爬起來，老師不但沒有管她，還直接說：「沒關係，她媽媽等下就會來幫她了，我們繼續上課。」

原本很期待上學的耿美琪，期待可以交新朋友，可以擁有快樂的學校生活，但因為受到排擠，心裡受到很深的創傷，她變得不想上學，害怕出門；那時候，外人隨便一句無心的話或一個動作，就可能在耿美琪的心靈留下一道傷口。

被排擠、被霸凌，導致耿美琪變得沒有自信，將自己放逐於黑暗中，每天都把自己關在家裡，甚至多次出現負面想法。

後來父母親幫她轉學，剛到新的學校，加上之前經歷的事情，她每天都感到惶惶不安。新的導師知道耿美琪之前的故事後，就每週定下一個小約會，也許是午休時間，也許是吃飯時間，陪著她聊聊天，聽聽她分享心情。

有一次因為心中累積許多壓力，耿美琪直接情緒崩潰，大哭起來，導師見狀後，直接抱住她，並且說：「美琪，希望妳可以知道，即便受傷，妳依然不會失去愛與被愛的資格。學會愛自己，再來愛別人；學會愛別人，就有人會愛妳。」

那時的耿美琪，本已失去自信，但慢慢的她好像懂了些什麼，於是開始找尋愛自己的方式，尋找自己存在的價值；在某次作文得到高分之後，她發現，原來自己在寫作這方面似乎有一點天分，於是她去找導師討論這件事；班導開始在每週小約會時，教導她一些寫作技巧，也陪她閱讀文章，增進寫作的能力。

在班導的建議下，耿美琪參加作文比賽，也開始在各大報投稿，都獲得不錯的成績。她發現自己喜歡做什麼了，從寫作找到自己存在的價值與意義。

回想這段求學時光，耿美琪充滿感謝，「如果沒有遇見那群惡作劇的同學，我應該不會轉學，就沒有機會遇到那位充滿愛心的導師；也不會明白，不管傷痕累累，一個人都還是有愛和被愛的能力，要先試著接受自己的不完美，才能打從心底愛自己，才會得到別人的愛。」

她時常會想，不知道那些同學長大之後，是否已知道什麼事情可以做、而什麼事情不能做？人生是不是更加成長成熟？她謝謝自己，願意用愛包容所有傷痕，感謝生命中的不夠好；因為有這些不夠好，未來才能夠越來越好。

求學的過往，讓耿美琪體悟，**「我跟別人沒有不一樣，別人做得到的事，我也做得到，甚至可以做得更好；我的人生是我自己的，只有我能為自己的人生負責。」**

追星也可以很勵志

而讓耿美琪的生命真正徹底改變，卻是因為「追星」。她在五專一年級時非常喜歡一個韓團偶像，因為那位偶像說過：「我不能為你們的人生負責，但我會成為你們向前的動力。」

這讓她明白，因為他的美好，「我要帶著他給的力量，努力讓自己變得更好。」

於是，耿美琪開始學習不同的才藝，開始突破心理障礙去認識一起共同追星的朋友，開始在人際關係上有所拓展；擺脫被同儕霸凌而留下的心理陰影後，她慢慢發現，原來這個世界上還是有很多人願意認識她、認同她、陪伴她。

她跟大家一起去夜排演唱會的票；聚餐時，夥伴會主動詢問餐廳是否能讓她方便進出，但大家不是用同情、而是以朋友的同理來考慮到她的需要；即使到現在，這些朋友們還會跟耿美琪一起舉辦公益活動，凝聚所有的愛，幫助需要的人。

追星，讓耿美琪的人際關係有了轉變，她也試著去當志工，甚至規劃到韓國去經歷一段自助旅行。就當她以為一切都是如此幸福時，某天，這位偶像因為承受太多辛苦，決定放下一切，獨自前往天堂去旅行；他的離開，讓耿美琪深受打擊，就像指引人生的一道光瞬間熄滅了，不知如何繼續前進。

花了將近三年的時間，耿美琪走過醫學博士庫伯勒・羅絲（Kübler-Ross ）所提的「悲傷五階段」，每一步都需要勇氣，身旁的人很為她擔心；直到有一天，一位閨蜜跟她說：**「希望**

妳可以知道，妳不是只能被照亮，還能發光照亮別人。」

耿美琪開始思考，「他給了我向前的勇氣，教會我人生是自己的，要學會為自己負責；那麼現在，我是不是更應該勇敢往前走？」

耿美琪說，如果時間能夠重來，她想要告訴這位偶像：「謝謝你當初將我從黑暗中拯救出來，你知道嗎？你是一個可以給予別人希望的人，你的一字一句、一舉一動，都可能改變一個人的一生；因為你的出現，讓我可以從過去的傷痕中逐漸變得勇敢，一步步走出來，成為更好的人；你是我獨特的星星，教會我做自己的太陽。」

於是，耿美琪不想再繼續困在失去偶像的悲傷中，希望將得到的力量慢慢傳播出去。當初的自己很幸運，在徬徨的黑暗之中遇見了指引，但她發現在這世上，還是有很多正歷經辛苦、陷入迷茫的人；所以，她也想要成為那個可以照亮別人黑夜的人，用自己的力量帶給他人希望，哪怕只有一點點都好。

「生命永遠會為你留一個出口，只要你願意向前走。」走出哀傷的耿美琪相信，沒有過不去的挫折，只有不願意向前走的自己，只要用心去體會，那麼，就會找到屬於自己的出口。

一趟自助旅行帶來的領悟

因為追星時發下的宏願，耿美琪決定做一次韓國的獨自旅行，這讓她更加懂得生命的意義。

旅行中，因為零下九度的寒冷天氣，所以導致電動輪椅無法充電。當下，她真的很無助，眼見時間一點一滴的過去，她心中想著，總不能一直困在原地吧！於是只能自己用手推的方式，繼續旅程。當時她推著輪椅前進的雙手早已被凍傷，要上斜坡時還差點跌倒；幸而此時出現了一位阿姨即時救援，才能平安度過旅程的這一段。

在韓國的三天兩夜旅程中，雖然旅途中遇到很多困難，除了那位阿姨以外，耿美琪還得到很多人的幫助；也是在遭遇困境中，讓她感受到許多人的溫情。

分享這段故事的原因，是耿美琪想告訴大家，生命中的很多時刻，從表面看到的是苦難，其實卻是一份擁有。

有的時候，人生中的一些歷程看起來困難；但其實，那是老天給你的一個機會，要讓你奮起勇氣，邁向下一段旅程。

不完美也能轉化更大的力量

研究所畢業後，透過指導教授的引薦，耿美琪進入知名企業工作。擁有一個友善的工作環境、一位親切的上司、一群善解人意的工作夥伴，她原本以為，一切都可以很順利；但是沒想到，她因為脊髓曾經損傷開刀，無法久坐，加上脊損引起神經性膀胱炎，導致無法勝任這份工作，最後只能選擇割捨。

那時候的她，被困在一片迷霧中，「我的人生到底還能做什麼？難道只能這樣沒有目標過完一生嗎？」就在渾渾噩噩度日的某一天，她收到朋友轉傳的訊息：高雄市政府勞工局舉辦生命故事演講比賽，如果獲選，將能得到講師的培訓機會。

她想起了大學時期曾因成績優異得到某單位的獎學金，那時候主辦單位打了一通電話過來，說：「耿同學，我們想要聽聽妳的故事！」

從眾多同樣符合資格的優秀得獎者之中，他們選擇讓耿美琪在頒獎典禮上進行一段簡短的演說，分享自己的故事，並於頒獎典禮之後，安排媒體的訪問。

那是她第一次站在台上面對眾人，她問自己，「我做得到嗎？」同時想起父親曾經的激勵，「不要害怕挑戰！」於是她鼓起勇氣，用真心分享自己的故事。

過程中，她看見台下的來賓，有些頻頻點頭表示認同，有些默默擦拭感動的淚水，剎時間明白：原來，她能站在台上，就是一種勵志；原來，她可以用自己的經歷，帶給他人不同的思維。

於是耿美琪思考，未來若是有機會，她要用自己的生命去影響另一段生命。於是她報名參加了勞工局的生命故事演講比賽，後來榮獲佳績，爭取到講師的培訓機會，並且成為一位正式講師。

而後在某次受訓課程中，耿美琪遇到一位李淑楨老師 ，即電影《魯冰花》的演員，她告訴耿美琪，世間沒有完美的人，對自己不夠完美的地方，要大聲喝彩，要接受自己的不完美，才能慢慢的修正自己，讓自己越來越好。

這歷程讓她學習到：**人生必然有著無數挫折，但只要加上一些些勇氣，就會成為完整的自己；因此，逆境是圓滿自己必經的過程。**

選擇成為生命教育的專職講師

俗話說：「人生如戲！」每個人誕生在這個世界上，都如同拿到了一份屬於自己的劇本。耿美琪覺得自己很幸運，她拿到的劇本與大多數人不同，有了這份劇本，讓她創造了許多獨特的故事。因為年幼脊髓損傷，導致無法行走，平日行動皆依靠他人協助與電動輪椅代步，一路走來，她累積了很多生命經驗，是其他人沒有的。例如：坐在輪椅上，挑戰一個人的旅行，在旅行中學習傾聽自己的聲音，學習與自己和解。

最終耿美琪選擇以「專職講師」作為志業，找到了屬於自己的方向，她非常感謝那個勇敢做出每個選擇的自己。

耿美琪的授課主題是生命勵志、品德教育、正向思考、壓力管理、身心障礙與特殊教育相關議題，但她也常聽別人問道，「妳的年紀這麼輕，真的能上台講課嗎？」

雖然今年才 27 歲，但因為從小的肢體障礙，讓耿美琪有了許多不同於他人的生命歷練，點點滴滴都造就了與眾不同的故事，從那些經驗裡，一點一滴去探索生命，找尋驚喜，得到體悟；她在受傷中求成長，在逆境中求突破，以無懼的態度面對人生，並且分享人生。

也有朋友勸她，或許她可以找一份比較固定的工作，而不是講師這類收入不穩定的工作；耿美琪不諱言，她也曾為此迷惘、疑惑、陷入糾結，加上她是雙子座的個性，雖然有時開朗如陽光，有時卻會陷入黑暗，陷入天人交戰的情緒波動；但她還是堅持自己原來的選擇。

耿美琪發現，在生活中我們無時無刻都要面臨選擇，任何的選擇都有遺憾，而任何的遺憾都有轉機。她說，「**人生有多少傷痕並不重要，重要的是用自己喜歡的樣子，活成自己喜歡的模樣。**」

全然接受自己，就能擁有擊倒困境的勇氣

對於逆境從不少於他人的耿美琪來說，克服逆境，就是一段幫助自己認識自己，學習傾聽自己內在的聲音，找到方向，一步一步跟自己和解，打破僵局的過程。

要永遠深信，「沒有任何逆境可以擊垮你，除非你願意。」上天不會給我們無法承受的考驗，即使當時覺得自己幾乎被壓垮了、走投無路，也請試著相信，這一定是你能夠承受的考驗，所以它會出現在你面前。

耿美琪最後勉勵大家，遇到逆境時不要被自己困住，生命中有一道門叫「心門」，沒有能不能，只有肯不肯，只要勇敢踏出去，就能走過那道門檻，發現新的人生。

擁有強大的信念，就會擁有擊倒困境的勇氣。在面對困境時，一定要先學會傾聽自己內心的聲音，認識自己，接受自己，和自己來場對話，並且嘗試接受自己所有的不完美，那麼你就能得到不同的想法，進而轉化自己。當你學著從困境之中和自己一步步的進行和解，你會發現，拒絕放棄，將產生多麼驚人的結果！

耿美琪小檔案：

國立高雄科技大學資訊管理研究所
高雄市政府勞工局培訓　生命勵志演說家
1766 網路廣播「療癒心，生活」 節目主持人
YouTube 頻道「快樂病毒」 拍攝企劃
「信義房屋全民社造行動計畫」 得主
「總統教育獎」 得主
「鴻海教育基金會獎學鯨」 得主
勵活課程設計中心 特約講師

06

陳詩元

逆境就是神的祝福

陳詩元轉念心法：

「那光是真光，來到世上，要照亮每一個人。」

—— 約翰福音 1：9

陳詩元，一位高科技業的成功業務，同時是一位作家、講師、廣播節目主持人、投資專家，並且是事業經營者與投資集團的合夥人。在這些成功的「斜槓」事業背後，其實他也曾經歷過不少人生的逆境。

一次又一次從逆境中突破，在這過程中，陳詩元不斷開拓自己的視野與思維，才成就了現在的自己，以下是他的故事。

從小體弱多病　，欠缺自信

「從小我就比同年紀的孩子矮小，而且是過敏體質，體弱多病，所以我對自己總是沒有足夠的自信心。」陳詩元這麼說。

求學階段的陳詩元，「我記得自己永遠是班上最矮的前幾名，好像永遠也長不過同學們，讓我感到有些自卑。」

幸而上天賜予他靈活的頭腦，陳詩元喜歡讀書，成績不錯，幾乎都能維持班上前三名，這點增加了他的自信心；即使到現在，他還感謝當初跟他一起努力用功的同學們，更不曾忘記小學四年級時， 同班的班長好友跟他說過的一段話：

「人類因著不滿足才帶來進步，因為不滿足於現況，我們才會持續尋求進步！這是一種積極的不滿足。」

在這段期間，陳詩元雖然遭遇身材不如他人的逆境，但是他選擇了以積極的態度面對；對外在欠缺自信，並沒有阻斷他學習的上進心！

聯考失利，對未來感到懷疑

雖然從小很會讀書，但陳詩元考運稍差。他是1976年出生，那一年是龍年，也是台灣有史以來新生兒最多的一年；陳詩元在國中時期成績雖然不錯，幾次模擬考的成績，都預估可以考上中正高中，他笑笑的說，「就是勉強有公立高中可以讀啦。」

但事實並不如他所願！他考聯考那一年，考生人數是以往的兩倍，創下 35 萬人的紀錄；雖然他考試的成績還不錯，維持一定水準，但在優秀人才有兩倍的情況下，他連公立高中都沒考上。

雖然陳詩元最終也考上大安高工電機科，那是高工的第一志願，但他沒有去讀；最後他選擇了了私立專校第二名的新埔工專五專部電機科，也就是現在的聖約翰科技大學。

陳詩元回想那段日子，因為國中一直在讀書，神經長期緊繃。好不容易進入五專，又不住家裡，頓時生活失去了節制，於是他迷上了打電玩，根本就沒有用心讀書。

就這樣到了專四、專五，因為家裡的狀況是需要他盡早工作，補貼家計，他不像其他同學補習和報考當初的技術學院，而是一畢業後就直接入伍當兵了……

陳詩元自認這也是逆境，原本聯考就沒考好，五專時期又不專心讀書，同學都去補習及考試準備升學讀二技了，但他卻沒有，讓他也曾經對自己未來的競爭力產生懷疑！

服役體能大挑戰，原來我可以！

陳詩元五專畢業後就去服役，在受完新兵訓練後下到部隊大約二個多月。由於他未來被連長安排接下連部文書士（俗稱參一），占的是士官缺，於是被上級長官指派去受幹部士官訓練。

對陳詩元而言，這個訓練堪稱是人生一個很大的逆境。一直以來，他的身材是比較瘦弱矮小的，在體育課中他也從沒有過好成績，所以從來沒有對自已的體能有過自信；他說，他怎麼也沒有想過，他這種人居然有一天也可以成為《報告班長》電影中的「班長」，但如今，他就身處在幹訓班的隊伍中了！

魔鬼般的訓練開始展開，第一個月完全注重在體能的提升。對陳詩元來說，那簡直是地獄……每天早上跑三千，跑完繼續爬竿、板牆這些 500 障礙項目，還有其它各式各樣的體能訓練；他還記得前 10 天，「我每天早上被操完，早飯完全吃不下去，全身酸痛，下肢一直是鐵腿的狀態，走路都快橫著走。」

那時他也開始懷疑自已，「明天我還撐得下去嗎？」 每次跑三千公尺的時候，不是只有自己跑，而是要整個隊伍一起跑；偏偏跑步是他最弱的一環，能跟上隊伍就快要了他的命，雖然他總是氣喘噓噓、上氣不接下氣的覺得自己快要 GG， 但是，他告訴自已，絕對要堅持！絕對不脫隊！就是拚了命也要跟上大家……

終於，陳詩元竟然完成了第一個月的幹部訓練，他堅持過 500 障礙、毒氣試驗、扔真的手榴彈，打靶也終於能滿分了；雖然體能成績在幹訓班裡算是超級後段班的名次，就是剛好及格邊緣再好一點而已，但他沒有被退訓。最後，他從幹訓班結業，成功被授階下士回到原來的部隊！

某一天下午，因為值星班長有事不在，所以陳詩元帶領著連隊弟兄，一起跑了營區外圍的路 3,000 公尺，再立刻作 50 下伏地挺身，他說，「真的覺得那時候的我，應該是我一生中體能狀態最好的一刻！」

在幹訓班時遇到的體能逆境，讓陳詩元知道，「只要堅持，我仍然可以突破我的極限，原來我做得到！」

什麼是真正的愛情？失去的領悟

陳詩元在學校時，就有了一個相知相伴的女友；在他當兵時，沒有像一般服役男生會遇到所謂「兵變」，兩人感情還是很好；但是在他退伍出社會、擔任業務工作兩年多後，卻發現與女友五年多的感情走不下去了。

雖然從學生時期開始戀愛，也在後來的人生中彼此扶持，但出了社會後，兩人的生活都有了改變，對未來的看法、生活方式、人生目標等等，漸行漸遠……

他們都發現，對方已經不再適合彼此，雖然有很深的感情，但愛情的部分早已漸漸消退了；即使勉強在一起，其實不快樂，反而有種窒息的感覺。

當陳詩元知道女友有了別的追求者，即使傷心，即使捨不得，當下還是選擇了分開。現在回想起這一段，他以作家劉墉書中的一段話分享自己「放下」的心路歷程：

「當你擁有她、但卻不愛她的時候，你犯了雙重的錯誤：第一，你該愛而沒能愛；第二，你不愛他已經是錯了，但你竟還剝奪了她被別人愛的權利。與其擁有而不愛，不如讓愛的人擁有。」

之後，陳詩元花了五年的時間療傷，但對他來說，這五年的單身也是一種學習；陳詩元是虔誠的基督徒，他從教會及基督的教義中得到救贖，也在教會中尋到真愛，也就是他現在的妻子。

他終於了解，有幸福的愛情，並不是只有單方面的去愛對方，而是彼此相愛。他說，「什麼是真正的感情、真正的愛？

每個人到這個世界上，都不是圓滿的，就像一個缺了角的圓，都在找一個對象來補足自己缺少的那一角，人生才能真正圓滿；那個對象，就是真愛。」

從情感的逆境中，陳詩元學習到，「雖然我希望天長地久，但現實給了我很大一巴掌，到底什麼是真正的愛情？」每個人得找到自己的答案。

投資、工作失利，加速了改變的腳步

從 1998 年開始，陳詩元的第一份工作是一個銷售電腦周邊商品的業務員。虔誠的他一直感謝神，在他過去 20 多年的工作中一直祝福保守著他，他從來沒有被公司主動要求離職過，都能很自主的去選擇更好的工作機會。

陳詩元謙虛的表示，這並不是他有超越別人的能力，而是神的憐憫，所以他可以在 30 歲出頭就擔任高科技及 IT 產業的高階業務主管至今。

但在三年前，因為疫情影響，他的投資失利慘賠數百萬，任職的公司也因為被外商併購，職場文化變得迥然不同，於是他開始有了改變與創業的念頭。

想要改變就努力改變，於是他總結投資失敗的經驗，開始了重新學習的里程，

他在一年內跟隨十位老師學習，並且嘗試超過三十種理財工具，從中找到了新的理財管理邏輯，同時整合心得出書，也編撰成課程，開始了講師的生涯。

陳詩元認為，**人生永遠沒有完全準備好的時候，只要有了準備就去做，在「做」的過程中學習；**遇到逆境，只有具備強大求生意志、並努力嘗試找到突破的方法、並且確實執行的人，才能突破。

投資與工作的逆境，讓陳詩元有了「改變」的動機與動力！

人生第一次失業，選擇更進取創業

從斜槓到作家、講師、投資專家的過程中，陳詩元開始有了創業的念頭，他問自己，「如果我們雇用自己，我們該給自己每個月多少薪水？」這是每一個創業者在創業前該先問自己的問題。

這答案好像很殘酷，但其實是在測試自己有多認同自己？你值得多少時薪？如果自己對自己都信心不足，那怎麼談創業？

凡事都有順序，所以陳詩元在去年創立自己的公司，用微創業的方式，白天依然在公司上班，然後利用下班後及假日努力斜槓，經營自己的公司。

他成立了天使亞倫有限公司，專注在教育事業上，並於今年正式開設「財商課」與「斜槓課」等課程，謙虛的陳詩元不忘感謝神的保守，雖然學生不多，一路跌跌撞撞，公司也在持續前進中。

但在今年 6、7 月，陳詩元卻遭遇到人生有史以來最大的逆境，在一個月內失去工作。5 月時，一家很棒的新創公司來挖角，對方準備在五年後上市；幾經考慮，陳詩元決定離職，到新公司工作。

但因為某些因素，他的工作轉換不如原本預期，還處在第一個月的工作磨合期，公司就給了他幾乎無法達成的要求，令他在人生中第一次失業。

當失去了每月固定的薪水，陳詩元不諱言，他一開始有著恐慌、失落、焦慮的心態，因為從退伍出社會，就是一直領薪水，非常難以適應這種狀況；他甚至想過回去原來的公司，但是他心裡明白，回不去了！

然而陳詩元沒有一直陷落在消極的憂慮及軟弱的心態中，他決心改變；跟別人不一樣，他不是找新工作，而是積極創業，把原本只在閒暇時的微創業變成現在的本業。他笑著說，「回頭看現在的自已，根本是被迫完全創業了。」

「感謝神，祂差派了幫助者，目前我有創業的合作夥伴，正在積極規劃公司未來的新方向，除了區塊鏈的元宇宙行銷，也推廣自己的教育課程。」他也感謝妻子，「她是我最大的支柱，對於我的創業，她沒有潑冷水，沒有抱怨，就是默默的支持。」

遇到逆境時，陳詩元以一句基督教的諺語勉勵大家，「當上帝為你關了一扇門，同時會幫你開一扇窗 。」突破逆境的每一天都是挑戰，每一天也都很有趣。當沒有退路，我們才能激發出自己的能力，打破框架，突破極限。

請告訴自己，「我要活下去，我要成為最棒的自己，並且努力去做。」

走出了失業困境，陳詩元每一天都會寫文章，分享每日創業過程、工作心得及生活上的喜怒哀樂。

他告訴所有期望突破人生的朋友們，「這是生存戰，讓我們成為最棒的企業戰士！」他也歡迎大家到他的網站與文章發表平台。

創業的逆境，讓陳詩元「徹底改變」——「讓挑戰來吧，繼續鍛鍊，Keep fighting ！」

逆境衝出，打造全新的自己！

逆境的挑戰隨時都在，請接受、面對、及享受，即使會脆弱、會流淚，但在掙扎的過程磨礪自己的受挫力、生存力、忍耐力，並學習新思維，突破舊格局且創造新局。

對陳詩元來說，逆境就是神的祝福，他把今年年中為自己量身打造的「Aaron 3.0 計畫」分享給大家參考：

一、個人 IP 建立 & 知識宇宙建構	二、家庭
1. 讀完 52 本書並分享心得（每週 1 本 & 分享心得） 2. 創立自已的 網站 &FB 粉絲團（達到 1,000 粉絲，每週更新 3 次 & 分享所學） 3. 創立自已的 YT 頻道（ 達到 1,000 粉絲，每週更新 2 次 & 分享所學）	1. 每天和家人 一起享受神的話 2. 主動為孩子代禱，關心孩子並陪同晚禱 3. 節日到了要顧到家人的需要，陪他們出遊及談心 4. 每週末陪家人出外走走，太太要開心，全家都開心 5. 為父母們的健康多有禱告及陪伴

4. 創立自已的 IG 及 TT 抖音、Podcast（ 達 1,000 粉絲直播門檻，每週更新 2 次） 5. 寫出第三本書～電子書「Aaron 3.0 版本紀錄」 6. 繼續上課進修，學習如何經營網站、部落格、YT、IG 及 TT 抖音 7. 完成 10 次公開講座，幫助 120 人 + 建立多元收入系統 8. 開啟線上／線下課程 & 2 個新課程（創造性思維／馬斯克 & 財務策畫）	6. 學習在神的愛裡對家人說話，用鼓勵代替責罵和要求
三、健康	**四、財務**
1. 成功瘦到 63 公斤，體脂 18，並維持住 2. 每晚最晚 11:30 前就要躺平，不要拖到 12 點 3. 持續 168 斷食法 ，晚上不吃或只喝湯 4. 喝手搖杯也不可加糖（無糖飲料 only） 5. 不喝冰的，只喝養生茶之類 6. 每週除了六、日的籃球，平日白天／晚上棒式 2 分鐘以上、快走 30 分鐘 7. 堅持冷水澡，學會冰人呼吸及其它呼吸法（ 氣功） 8. 一週只能吃一次垃圾食物	1. 基本理財投資獲利 9~18% 以上 2. 投資區塊鏈虛擬幣 NFT 獲利 30~40% 以上 3. 擴大理財投資項目至 16 項以上 4. 新線上課程目標 500 人 5. 新書目標銷售 1,000 人 6. 被動收入目標成長 cover 每月 100% 固定支出

五、人際關係	六、信仰
1. 每天分享 5 篇好文在各種平台上 2. 臉書、IG、YT、TT、好說、Potato 上的朋友同步經營（朋友 max） 3. 每週參加課程認識新朋友 10 位 4. 認識 500 個以上新朋友 5. 找到 50 個以上合作夥伴	1. 每天起床第一件事向主禱告與晨興 2. 愛是極超越的路，需要一直與神有連結 3. 遠離所有負面的人事物，從神得著生命的真光 4. 學習在神的愛裡幫助別人，不求回報 5. 每週至少一小時傳福音，希望得著一位常存的果子
七、學習	**八、旅遊**
1. 上完之前買的所有線上課程，並把重點分享出來 2. 每月讀 4~5 本書，並把重點分享出來 3. 上課學會 TT &YT（影片製作）、FB、抖音、粉絲頁（每週經營） 4. 向我的老師及同學學習他們的技能及特質 5. 學習整合我的所學，加上我的經驗和發想，成為我的獨特課程 6. 每半年要學到一個新的專業／課程！ Create new class for it. 7. 學會流暢的彈琴及 Ukulele，以詩歌為主 8. 創造性思維 & 每日學習法，每天花 1 小時學習新知 & 寫文輸出	1. 每 1~2 季度假至少一次，可以出國時，出國 1 次 2. 週末陪家人外出走走（當天來回）

九、運動	十、娛樂
1. 籃球學會背後及跨下運球、轉身過人及三分球 2. 棒式能堅持 5 分鐘 3. 跑步 30 分鐘／天 4. 學會一項新的運動（健身） 5. 開始健身，體脂目標 18%	1. 每天玩手遊不超過 20 分鐘 2. 禱告、彈琴唱詩享受神 3. 試 1 個 Game fi， play to earn 及了解趨勢 4. 嘗試用遊戲的心態來學習，享受學習成為娛樂 5. 越努力玩 & 學習，越開心，越富足！
十一、創作	**十二、合作**
1. 全方位經營自已的品牌「天使亞倫」 2. 平均每週產出 2 篇 讀書心得 3. 寫出一本新書《贏在逆境力》 4. 創立自已的線上線下專業課程，賣出 500 人次	1. 啟動個人品牌平台 「天使亞倫」&「天使聯盟」 2. 聯盟行銷 ~ 推廣 10 個老師的線上課程或服務 3. 與其他老師課程合作
十三、成就（公司與個人）	**十四、飛翔**
1. 達到新公司 2,000 萬募資營收目標，300 位夥伴 2. 天使亞倫擁有 3 個合作單位、30 個合作夥伴，年營收額 100 萬 + 3. 成為一位跨界的專業講師（職能 & 財商） 4. 成為 5 家公司的合夥投資人	1.Become a completed freeman. 2.Nothing to lose by the grace of Jesus.

陳詩元小檔案：

《全集中！財富自由的呼吸法 》 作者

《贏在轉型力》 作者

Potato 平台 網路作家

理財斜槓多元 講師

獨角傳媒 企業專訪主播

MBC 多元商、建興農業科技 天使投資人

天使亞倫有限公司 企業主

跨國 IT 產業 業務經理

天使亞倫有限公司官網 QR CODE

www.angelaaron.com

Aaron 陳詩元 Line ID: fonechen

07

詹純蓉

如實呈現自我，做真實的自己

詹純蓉轉念心法：

面對順境心存感恩，面對逆境勇於挑戰！

詹純蓉，長期投身於社會服務工作，從大專時因為參加手語社、在啟聰學校陪孩子們玩而萌發興趣，畢業以後從事社會工作，並曾在1999年得到台北市優良志工獎，詹純蓉不忘初衷，依然在社工領域內，盡自己最大的力量協助弱勢族群。

20多年來，詹純蓉任職過數個社會福利機構，她所服務的對象，包括了愛滋病患者、視障、顱顏疾病孩童、以及身礙家庭，她是許多創新服務類型的建構者及推行者，同時獲得各單位主管、個案、家屬、志工、以及合作機構的的肯定及讚許。

詹純蓉說，「其實面對這些有身心障礙或患有疾病的服務對象，心理素質很重要，要幫助他們面對社會上一些不平等的歧視與對待，協助他們爭取權利，帶領他們建立自信，度過挑戰與難關。面對這樣的情境，一個社會工作者真的要很自信、很勇敢。」但，其實詹純蓉並不是從小就擁有這樣的特質。

曾經內向、不善交際的自己

詹純蓉來自於一個傳統的農村家庭，5 歲時就因為心臟疾病開過刀，後來搬到都市；她回憶那段剛轉學的日子，「小四下學期時轉學到都市陌生的學校，來自鄉下的我，完全不知該如何和都市學校的新同學互動，下課時，我只是靜靜地看著同學玩，午餐時同學邀我坐過去一起吃，不知為何，我明明很想過去、但卻沒有勇氣，不知道怎麼跟大家融合在一起。」國中時，由於她在升學班，功課極重又無時間休閒，始終沒有和同學有頻繁的接觸。

因為來自於傳統的家庭，詹純蓉形容她的父母，就是循規蹈矩、照顧家庭、愛護孩子的老實人，他們很重視家中每個角色必須承擔的義務與責任，對每個孩子的要求都一樣嚴格，每個人都要謹守自己的分際。

「家中的餅乾、點心都要平均分配，不可以吃掉別人的，即使只有巴掌大的一塊餅，也要分成 5 份，讓家中每位成員都吃得到。」詹純蓉形容，即使到了長大以後，孩子各自成家立業，大家還是會約好時間一起出去玩，一起幫父母親慶生，彼此分享快樂，也彼此協助。

在這樣的傳統家庭中長大，加上曾動過手術，且是家中唯一女兒，父母親對她極度保護，讓詹純蓉養成對工作全力以赴、但不善於表達自己、不善於交際、容易委曲求全、特別在意別人評價的人格特質。

參加手語社　開啟蛻變契機

「我讀書成績一直都不錯，高中考到景美女中，但學校離家實在太遠，所以我選擇了當時的銘傳商專，那時候同學數度找我去逛士林夜市，我都打電話問媽媽想獲得允許，媽媽擔心我回來後功課會做到很晚，並未同意。」後來詹純蓉參加學校手語社，過度保護的詹媽媽，對於她假日經常要團練，覺得她「變溜了」。

其實，參加手語社可以說是詹純蓉學習人際關係的啟蒙。在社團中，大家一起練習、一起做社團的成果報告，還要去啟聰學校陪伴孩子；詹純蓉這時才開始與人有比較頻繁的互動，也因為這樣的活動，開啟了詹純蓉對社會工作的興趣。

在啟聰學校擔任志工的體驗，讓詹純蓉初次感受助人的快樂，發覺自己有能力幫助人，讓她發現了自我的價值，於是決定以社會工作為將來的志業。

她下定決心，以後的人生要往這方向走，心疼女兒的父母，對此懷著擔憂，她笑著說，「爸爸媽媽分不清楚社工跟志工的區別，他們以為做社工是沒有薪水的，深怕我以後沒飯吃！」

詹純蓉畢業後工作了兩年，仍寄情於社會工作，便去就讀夜間大學社會工作學系，以便白天工作，負擔自己的開銷及部分家計。已升遷擔任主管，原本公司其他部門要來挖角，但她婉拒了，一心一意朝著理想而努力。由於原來讀的商科與社工系不同，一般五專生是從大三讀起，詹純蓉卻得從大二開始。她非常努力，每個學期都超修學分，只想盡快畢業，做自己喜歡的工作。

無悔社工路 持續創新前行

詹純蓉第一份工作是關於愛滋病患者協助及宣導。當時愛滋病是飽受歧視的一種疾病，雖然已發展出有效的醫療方式，但副作用極大；詹純蓉輔導過很多個案，見過太多生死，她曾表達不想接受調薪及年終獎金，只希望能把有限的經費留給更需要幫助的人。

她說，在從事這份工作時，當時社會對愛滋病的認識不多，對感染者會有異樣眼光，「但我的態度就是完全接納我的輔導對象，不做任何批判，盡自己的力量去幫助他們、真誠地關心他們。」

而後，詹純蓉任職於視障服務單位，她創建了全新的視障早療到宅療服務的團隊，提供到宅服務老師完整職前及在職訓練的服務模式，這是以往未見的創舉。

她也曾異動至服務顱顏領域，辦理偏遠地區下鄉服務，也曾提供國內後天顱顏損傷患者服務、籌組國內初期罕見顱顏疾病家長團體，並曾經到廈門長庚醫院，在院內辦理家長支持團體及講座，並且協助廈門唇顎裂貧困家庭申請母會的醫療補助。

後來詹純蓉又轉換職場到唐氏症基金會，除了與同仁籌畫辦理各種活動，也建立了社工部制度，強化社工員服務能力，同時帶領及督導香港社工系來台實習的學生；並與中國醫藥學院附設醫院合作，建制中台灣唐氏症整合門診制度，聯繫及集合各科別的醫師，於每月同一時段看診，減輕唐氏症兒童及家庭頻繁就診及復健的壓力。

在唐氏症基金會服務期間，詹純蓉接任了身心障礙者自立生活及就業訓練機構，從服務處的簽約、添置設備、建立制度、招募學員、招募員工及訓練、開發資源與連結、一直到教保員及社工員督導等，她都是全程負責及管理，並得到政府的優等評鑑。

不只自己的單位，許多大型基金會也肯定詹純蓉的努力，提供經費贊助。為了協助心智障礙的學員紓解壓力，她辦理了美術及舞蹈健身課程，不但能加強學員的生理機能，也建立起自信；在成果發表會中，以畫廊及走秀形式展示學員的畫作，並讓心智障礙學員上台勇於呈現他們的現代舞及孔雀舞。

懷著感恩的心，詹純蓉感性地說，「感謝在我一路以來的社工生涯中，遇到許多貴人的指導與協助，讓我能略盡棉薄之力，為社會角落需要幫助的人帶來一點點光明、溫暖與希望」。

成功取決於正確的心態

無論從事任何一種工作，都要懷抱正確的心態，才能得到自我的肯定以及工作上的成功。

詹純蓉以自己的工作為例，「我服務的對象，都是勇敢的人！他們或許有顏面傷殘，必須接受一次又一次的手術，才能慢慢恢復正常的外觀；他們或許有身心障礙，必須克服挑戰或身體的不便，接受辛苦的復健及心理調適。」

因此，她常與部門內的同仁分享，從事社會工作要有一份**熱忱、助人、及全力以赴**的心，「每個前來求助的人都有尊嚴，是抱持著莫大勇氣才來尋求協助，所以面對每一位服務對象，我們都要用最真誠接納、最熱忱的心來提供協助，以不批判的態度面對他們，並時時給予鼓勵及肯定，協助他們建立自信及解決問題的能力。」

詹純蓉也認為，「**不忘初衷，永遠保持初心**」，是推動她前進不懈的一大力量。「社會工作是我的志業，從工作中，我感受到助人的喜悅及生命存在的價值，即使經歷不同組織，遇過許多不同挑戰，也曾感到挫折，都未打散我從事社會工作的愛與熱忱」。

她提醒自己，要永遠保持「單純、質樸的心」，從事社會工作，不可以加入個人利益考量；要「全然接受、真誠接納」需要服務的對象，才能真正感受到他們的需求，讓他們感受到尊重；要「關注優點、多予鼓勵」，幫助他們更看重自己、肯定自己。

詹純蓉告訴大家，社會工作常會遇到許多困難及挑戰，要把單位的使命及目標作為自己的使命及目標，堅信「只要有心，沒有完成不了的任務」。

抱持著使命必達的信念，就算沒有相關經驗，也要虛心求教，找尋相關案例，積極向他人借鏡學習；即使碰到瓶頸，也要冷靜分析，找到克服困難的方法及資源，並以堅強的毅力及恆心去執行，全力求取成功。

即使已經是優秀的社工師，詹純蓉仍然告訴自己，「人上有人，天外有天」，**要保持開放的心態，虛懷若谷，用心學習，常向他人請益，並經常參加研習，充實自己**；把新知識、新方法、及新觀念，運用在社會工作上，才能因應時代的變遷，讓服務的方式與時俱進，符合社會的需要。

人生必然有逆境，找到原因才能突破

人生不可能永遠順遂，生命中遇到的逆境及帶來的低潮，都是一種歷練。詹純蓉說，「從事社會工作，遇到困難的時候很多，我會勉勵自己去找方法、找資源、找人請益。我相信只要有堅定的意念與一顆堅決克服困難的心，一定找得到方法可以解決問題。」

她舉自己為例，「我從小就是內向、很在乎別人看法的人」，當她進入社會工作這行業，總是兢兢業業，但始終覺得自己不夠好，即使得到主管、朋友的肯定，她仍覺得自己不像別人稱讚的那樣，還有很多要學習及加強的地方；她沒有自信，總是覺得自我價值不足。

詹純蓉也曾承受很大的職場壓力，曾有一次因為自以為是的熱心協助同事的行動，莫名受到同事在其他所有同仁面前的大聲斥責；詹純蓉覺得自己好丟臉，之後她和同事相處總是小心翼翼，也不知其他同事會如何看待她，一旦同事態度稍微冷漠，她就會想，「這個同事可能不喜歡我……」

詹純蓉變得不知如何和同事互動，從那時起，她每天懷著恐懼的心進入辦公室，持續的壓力累積，甚至造成她的退化性關節炎復發，兩腳幾乎無法行走。

她想解開這個痛苦的結，想知道自己到底做錯了什麼事、讓同事不高興而不想和自己互動；於是詹純蓉鼓起勇氣寫了卡片給每位同事，表示「若有做不好的地方麻煩告訴我」，結果無人回應。

主管建議詹純蓉可以在會議時提出來請教大家，但是，她始終沒有勇氣站起來，一直到離職，這個結都沒有解開。

直到多年後，她才有所了悟，這件事不過是自己心中的一個小劇場，當時該同事可能只是一時情緒發作，沒多久就忘了；同事們沒有回應，只是不解她為什麼會這麼想，他們也不是不喜歡她，而是不知道該如何回答。**一切的壓力，說穿了都是因為自己太在乎別人的感受及評價而引發。**

而在另一個單位，詹純蓉曾拚盡全力，努力做好單位的所有要求，人不舒服，也沒空去看醫生，人員不夠，自己主動補上該角色，一人承擔兩人的工作量，她從不抱怨。她覺得，在這個位置、角色上，就是要承擔所有的事，讓單位能順利運作是她應盡的責任；可是她始終得不到主管的認同，深感自己的努力被貶低，最後她心灰意冷地離開待了許多年的單位。

在這次經驗中，詹純蓉以《在乎別人是對自己的情緒暴力》一書中的以下內容檢討自己，「控制、壓抑並忍受情緒，如果持續這樣做，終究會喪失自我」、「之所以渴望獲得他人的認同，是因為你比任何人想要相信自己是有價值的存在」。

「我太想得到主管及單位的認同，反而陷入這個壓力圈中而無法自拔」，詹純蓉反思。

在擔任主管時，詹純蓉也曾遇到一些挫折。雖然承受更高層主管的壓力，但她總是和下屬一起努力，有狀況出現時，她不忍心責備，也擔心責備會讓工作人員不滿、造成人員異動，除了完成自己擔任主管的工作，她還經常把基層同仁該做的事扛在自己肩上。

在常態性疲憊及長期壓抑下，某天，詹純蓉聽到下屬對她說，她有時很情緒化，講話口氣不好， 令她不敢置信！因為她自認，有很多事情她都已經很克制地把情緒壓抑下來，而且覺得自己一直用很溫和的口氣與大家溝通互動，

她發現，可能是每個世代不一樣，同樣帶領 6 年級、7 年級乃至 8 年級的同仁，每個世代能接受的管理方式跟習慣的溝通方式都不相同；也或許是因為自己的情緒有了波動而不自覺，「因為不斷忍耐、傷害著自己，所以會突然變得情緒化、失去冷靜，也許我有這樣的狀態而不自知。」

之後，詹純蓉時時提醒自己，要多留意自己的情緒狀態，「也感謝同事們讓我了解自己當下的狀態，讓我有學習及成長的機會。」

偶爾放過自己，不必永遠完美

有很長一段時間，詹純蓉處在一種低自尊及不知道如何處理人際關係的狀態。她的心理師朋友告訴她，「這是妳的人生課題，當妳不正視它、面對它，它就會一直來到妳的面前。」而詹純蓉一直陷在這個情境中，不斷鞭策自己，讓自己格外辛苦。

生活中要面對來自職場及家庭中人際關係，處理完家務還要繼續處理工作的事，她幾乎天天加班，就像一顆陀螺沒有停歇；她沒有時間消化情緒，甚至不允許自己的心情有一刻沮喪，隨時都在備戰狀態。

後來詹純蓉運用了許多方法，才擺脫自己因求好心切而陷入的心理逆境，她也與大家分享。

學習靜心、靜坐及冥想感受自己的內在，調整自己的情緒，釋放自己的壓力，讓自己的壓力得到緩解，也更有心力去面對及接受生活中的挑戰。

把別人小小的鼓勵放在心中，那是一顆萌發自信的種子，原來自己的表現及受到的認同，比自己想像的還要高。

透過閱讀及參加讀書會，學習覺察自己的狀態及缺乏自信的原因。自我的價值來自於自我的認同，而非建立在別人對我的看法上。

在職場也可稍微放鬆，用輕鬆詼諧的方式嘗試去做不一樣的自己；允許自己偶爾發生小錯誤而不自責，允許自己不用時時繃緊神經；融入團體，才能帶好團體。

學習減少批判自己，多給自己一些鼓勵；減少情緒的波動，用理性去理解彼此觀點的差異，才能達到真正的溝通，再於溝通中求取共識及合作的模式。

幫助自己，才有能量去幫助他人

從職場人際困境中，詹純蓉體悟了廣播人陶曉清曾說的一段話，「你只是一個平凡人，能隨時覺察自己，不必每天帶著面具不拿下來，你自己過不了的關，也無法協助個案過關」，學習真誠面對自己、幫助自己，有所體會及醒悟後，再去幫助他人，自己會更有能量。

面對逆境的挑戰，詹純蓉這樣告訴自己，「要感恩來到我身邊的人事物，相信他們的到來都是為了幫助我學習及成長。」

這樣的思考會讓人心裡變得柔軟，樂觀面對生活中的事件，並且透過散發正面的能量，也能讓所處環境變得更友善。

詹純蓉勉勵大家，不要裹足不前、害怕面對困難，不要委曲求全、深怕衝突出現，而是要學習「如實呈現自己、做真實的自己」，別人也才能更了解如何與自己互動，讓人際與處事更圓滿。

詹純蓉小檔案：

20 年社福團體親職諮詢經驗
社福團體親職、紓壓演講
參與人間衛視錄影、生命力新聞採訪、復興廣播電台現場 CALL-IN
辦理冬夏令營、節慶戶外大型活動、親子嘉年華等各類大小型活動
帶領兒童術前準備團體、入小學前準備團體、雙老家庭家長調適團體及志工團體
國家專技高考社會工作師證照
中華益師益友協會認證講師
獲選台北市優良志工
東吳大學社會工作學系碩士班

08

楊程媛

自己的思維，是人生的導航系統

楊程媛轉念心法：

擁有正向思維，是引領一個人邁向成功的鑰匙。

「每當遇到挫折時，我會接受內心的真實情緒感受，坦然面對，去除負面思維、既定思考；總覺得自己的思維就是人生的導航系統。」即使年少遭逢家庭劇變，度過飢寒交迫的人生，楊程媛始終相信自己，一路奮鬥，航向自己想追求的豐盛人生。

幸福童年在一夕間崩塌

「小時候，每逢假日爸爸都會帶我們出去玩；以為這樣的日子會長長久久，雖然偶爾爸爸因生病進出醫院多次，我總認為他終究會康復。」意想不到的是，某次爸爸住院後，再也沒有出院，從此天人永隔。

還沒來得及悲傷，楊程媛記得，那夜雨下個不停，只見三名眼露凶光、口嚼檳榔的陌生人來到她家，搬走所有值錢的東西，並大聲喊道，「趕快還錢啦！」嚇得她只能躲在角落，暗自啜泣。事後她才知道，爸爸因生病需要用錢，欠下龐大債務，「當天晚上，一夜之間，我突然了解了什麼叫作『晴天霹靂』，什麼叫作『屋漏偏逢連夜雨』。」

父親離世的那天過後，楊程媛的世界全變了，每天放學後和假日都去工廠打工，甚至到國中為了繳交學費，也做過水泥工，「我曾埋怨過，也曾墮落過，甚至放棄課業，在學校課堂上睡覺。」

然而，靠勞力賺錢，讓她感到體力無法負荷，暗自立志要繼續半工半讀，並做出改變，重新出發，重拾書本。於是，除了在學校用功之外，楊程媛也買書自學，參加考試，努力完成學位。

愛是一切動力的啟航

成為講師，則是美好的機緣。一開始，是好友告知某所學校有對外公開招聘講師，於是楊程媛準備好備審資料應試， 參與口試順利，且每年得以續聘。因應時代更迭，資訊科技不斷的推陳出新，所以她每年都會利用寒暑假或平日參加研習課程與備課，期待透過進修增長專業，同時藉此反思課程可以如何改進、以及做到更好的部分，以作為下次教學參考之依據，精進教學實務能力。

楊程媛的性格一向積極樂觀，以真誠、感恩的心，盡力負責為待人處事之道。她秉持向上向善、終身學習的理念，努力向前邁進，故參加講師認證，精進自我，亦利用閒暇，參與公益活動，擔任志工，並捐款幫助貧困兒童和長輩，希望盡自己一份心力，付出關懷與愛。

「雖然至今沒有賺很多錢，然而，我的內心卻是充滿富足的。」她開心說道。

2021 年 12 月 4 日參與公益講師認證時，當時她媽媽住院動手術，沒有時間準備，加上她不慎喝進滾燙的熱水，燙傷喉嚨，原本想放棄參與；後來她心念一轉，「如果我選擇放棄，等於自己提早宣布失敗；若是參與，也許我還有通過的可能性。」於是她在當天準時參加認證，也幸運通過。

誰能想像，現在站在講台上的楊程媛，在看似光鮮亮麗的外表下，曾經歷過幾度人生低谷和風霜？她形容，「往事歷歷在目，不堪回首，許多感傷一一浮現在腦海，如同『昨夜星辰昨夜風』，就讓這些低潮與挫折都隨風飄散吧！」

年少多磨難，更立志未來能手心向下

的確，談到生命中的逆境，對楊程媛來說，彷彿信手捻來、「衰神」如影隨形，例如，「國中時，我總認為自己很倒楣，走在路上都能摔個四腳朝天，讓自己受傷；或是走著走著，就踩到滿腳狗糞；就連做夢，我也能夢到被狗狂追的狼狽情境。」還有一次，她坐在公車上，一位小女孩不知是否因為身體不適，竟吐了她一身嘔吐物。

有一個事件影響了楊程媛，某天因放學後打工，她下班回家後累到睡著，隔天沒背英文單字，當天老師點到她時，她背得零零落落，英文老師也沒問緣由，竟當著全班面前，狠狠的打了她一巴掌，倔強的她忍住淚水，但臉頰早已紅腫，疼痛不堪。

臉頰火辣辣，自尊在淌血！當時楊程媛心想，「如果有一天我能當上老師，絕對不打學生。」這次事件改變了她，「現在的我，碰到學生有狀況，會設法去了解學生行為背後的原因，並找方法協助輔導他改善。」

每逢假日及寒暑假，是孩子們的歡樂時刻。同學們約楊程媛出去玩，她卻只能婉拒，「因為我得去工廠打工，身處工廠，每天重複做著同樣的工作，面對許多機器和刺鼻的鐵屑味，讓我有度日如年的感覺，每天只期盼著趕緊下班。」

國中時的某次假日，烈日當空，楊程媛扛起厚重的水泥柱在肩上，感覺自己羸弱的身軀似乎快被壓垮了，汗水不斷滴落，讓她深刻體會靠體力賺錢的辛苦與艱苦生活的辛酸。這便是她的學生時代，為了生存，必須邊讀書、邊靠勞力賺取微薄薪資，幫助家計。

楊程媛記得，有一次發放薪資時，老闆多給了她五百元，跟她說：「妳很認真工作，所以這個月獎勵妳五百元。」老闆的獎勵讓她開心不已；沒想到，老闆一離開，老闆娘隨後就進來將她的五百元取走，對她說：「妹妹，老闆算錯錢多給了五百，所以我拿走囉！」只留下一臉錯愕的她，眼中噙著淚水，所有的委屈只能往肚裡吞，無人可以訴說。

10 幾歲的楊程媛很早就懂得，這世界並不完美，有算計也有傷害，「 然而，歷經過去種種，我始終相信良善。當時的我便暗自立志，今後，我要努力成為一位手心向下的人；等我有能力時，我要孝順媽媽和幫助需要幫助的人，做個雪中送炭的溫暖之人。」

四大具體步驟，跨過人生的坎

面對生命中磨難與不順遂，楊程媛認為自我思維是最重要的突破關鍵。「誠實面對自己的內心，沒有什麼能真正捆綁我們，侷限我們的一直都是我們自己。我覺得不要害怕失敗，真正失敗的是我什麼都不做。」無論是否面對逆境，一切都會隨時間流逝，差別在於我們面對困難事件時處理的心態，心態決定一切；我們可以選擇輕鬆逃避，也可以選擇勇於面對挫折；若是不想面對問題，這道阻礙的坎，將永遠跨不過去。

楊程媛相信，「所有的困難都是暫時的，只要堅持不放棄，保有追求夢想的熱情，勇敢克服挑戰且秉持毅力與行動力，事情必會有轉機；而我們現在所展現的實力，其實都是過去努力付出的累積。」

壓力誰都會有，每晚下班時，楊程媛喜歡聆聽歌曲，抒發內心壓力。大學畢業前研究所考試曾失利，令她既難過又傷心，於是讓自己暫時休息數天，到戶外踏青，亦到自己嚮往的校園散心，想像未來能在寬敞美麗及資源豐富的校園就讀的美好情境畫面，瞬時心情感到舒心愉快。之後，她便重新展開重考研究所的執行計畫，具體過程包括：

1. **檢討改進**：針對自己不足之處去改進，例如她在考前 45 天才開始看書，準備時間明顯不足，欠缺自信，或許方法也不盡理想，怎麼可能成功？楊程媛靜心對自我進行 SWOT 分析，了解到第一次自己的準備時間不夠充足，且學校只報了一所；這一次她盤點可運用資源，上師範大學的學校圖書館找考古題，勤做練習並抓重點自我複習；因沒有補習，她買書自學準備應試；同時國立研究所改報三所。果然，歷經檢討改進，她畢業後就順利考上研究所了。她說：「遇到挫敗，一味自責沒有用。遭遇失利不必懊惱，明日再重振旗鼓，奮發自強。」
2. **制定目標**：「以終為始」，釐清最後希望達到的具體成果是什麼，才能完成心中所想的去制定目標。例如她的目標是國立研究所，她甚至買了粉彩紙預先幫自己做「榜單」，將目標「具象化」。

3. **落實執行**：透過規劃人生的藍圖，積極行動，具體落實。例如，楊程媛為自己排定進度表，從考試日往前推估，按表操課，做好時間管理；避免面試可能臨場表現失誤，她照著鏡子練習口試應答；調整面試穿著，讓自己的外表更加得體合宜。

4. **觀想成功畫面**：善用「吸引力法則」，常在內心觀想自己順利達成目標時，感恩家人和陳韻如老師，感受成功的喜悅等美好情境畫面。

一念之間，決定人生大不同

人有時不能選擇命運，但是可以選擇善良。楊程媛便是如此，「經歷傷痛，透過轉念，讓心中有太陽，無論四季如何變換，心中依然選擇良善。畢竟人生不過短短數十寒暑，過得愜意淡然，無愧於心，與其為了不在乎我們的人煩惱，還不如盡自己所能溫暖需要關懷的人。」

楊程媛指出，「**無論生命賦予了何種機運，最重要的是我能對此做出什麼樣的付出，進而成為更好的自己。**」回首來時路，從家境富裕到家道中落，從餐餐魚肉到白飯一菜；多少個打工歲月中，感受到人情冷暖，多少個深夜裡，埋頭苦讀只為奮發向上；每當處於飢寒交迫的夜晚，她立志靠自己的努力擺脫困苦生活。這段過往經歷，讓楊程媛在痛苦中學會自我療傷，在絕望中看見希望，更在失敗中學會自我成長；感悟生命中的許多可遇不可求，感恩當下，走向公益與愛同行。

而面對未知的挑戰，心態很重要；人生的成功與否，取決於我們的生活態度，以及是否設定了生活目標。人生有目標，則每天都充滿前進的動力；若無目標，可能終日隨波逐流。

楊程媛高中時曾在美容賣場當過美容銷售專員（兼客戶服務），一方面是想要當上主管改善收入，一方面也為體驗職場生態，畢竟想要在險惡多變的商場生存，得累積一些實戰經驗。

某日，有一位顧客請她拿某樣美容產品，並說他要買三瓶，「當時我是才上班第二天的菜鳥，完全不熟悉狀況，又恰巧店長有事外出，店內只有我一人顧店，很緊張的我，心想，這下子死定了！」但當下楊程媛告訴自己要冷靜，想想看還有什麼辦法；後來，她才想到先倒茶給顧客喝，同時遞上店內的產品目錄給客人參考，並請客人稍坐等待，她則趕緊打電話向店長詢問，讓狀況順利「解決」。

雖然後來她回到校園，追求更高的學歷，翻轉了人生。但這段職場小故事也教會楊程媛，人生常有難以預料之事，只要調整心態坦然接受，關關接受挑戰，則關關順利過關，事事勇於面對，則事事順遂。面對事件的反應往往取決於一念之間，若是想著「完蛋了」、「死定了」、「我怎麼這麼倒楣呢！」，只會讓自己處於負面的情緒，對於解決事情毫無幫助。

反之，倘若讓自己轉換心境來思考，抱持**「讓我想想辦法」**、**「應該可以挽回的」**、**「或許事情還有轉圜的餘地」**等正向思維，或許事情便可逆轉勝，由危機變成轉機。

走出逆境，靠自我轉念

從種種對於逆境的體會，楊程媛是如何幫助自己走出困頓呢？她自己是這樣做到的：

- **正向語言的自我暗示：**「我做得到，我可以做到。」透過這類正向語言的自我暗示，信念會漸漸在內心滋長，開花結果，如同正面的座右銘般具有影響力和穿透力。
- **永遠展露微笑：**微笑是遇到挫折時，最佳療癒的調劑。照鏡子讓自己的嘴角微微張開，發自內心想想，「有什麼是令我開心的事？」或是看笑話幾則、看喜劇片，都會讓自己變得開心而展露微笑。每天出門前照鏡子，常保微笑、嘴角往上。

- **家人、好友及美食則是身處逆境時，最佳療癒的陪伴**。遇到挫折時，與家人及益師益友閒聊或經由享受美食（香蕉與巧克力），也會讓心情變得更加愉悅暢快。

與其埋怨人生不順遂或羨慕別人的成功，不如將逆境視為是一種轉機。身處逆境時，會讓自己感受過得不快樂，因此當世事無法盡如人意，內心的真實感覺就是鬱鬱寡歡，凡事都提不起勁來。這時不妨讓自己先暫時休息，藉由聆聽音樂或到戶外踏青，透過大自然的美景和欣賞五彩繽紛的花草，療癒疲憊的身心，重新找到勇氣與前進的力量，使自己情緒得以平靜，再去思考下一步的進程。

楊程媛並提供**自我轉念**的三練習與重要四心法：

＊轉念三練習

1. **辨識情緒**：透過自我覺察，了解自己情緒所處的狀態，例如：上台演講時，我感到很緊張。
2. **接納情緒**：無論出現何種情緒，不要先否定或壓抑它，情緒反映我們內心的需求感受，例如：我覺得很難過，去接納自己的情緒，適當的抒發情緒，傾訴難過之事，有助於身心健康。

3. 轉化情緒：傾聽內在情緒的聲音，假如我現在很憤怒，與其執著於憤怒情緒，不妨先跳脫當時的思緒，暫時離開現場，轉換另一個空間，讓心情漸漸平靜。

*** 轉念四心法**

1. 腹式呼吸：藉由腹式呼吸能幫助自己緩和情緒，緩慢地在吸氣、吐氣之間緩解情緒，進而舒緩內在的壓力。

2. 照鏡覺察：不要壓抑情緒，先接受原本的情緒，如：焦慮、害怕等情緒，面對鏡中的自己，覺察自己內心的感受，正視自我情緒上的轉變。

3. 心轉正向：心想也許事情還有轉機，讓自己多往好的方面去思考。告訴自己「我可以的」，我能以平靜的心去看待事情。

4. 解決問題：勇於面對讓你煩心之事，思考解決問題因應策略的方法，有效的解決問題。

覺醒當下，真實面對，感受生活

自認並非「人生勝利組」的楊程媛，又是如何一步步打造更豐盛美好的人生？

她認為，每個人就是自己命運的建築師，遇到種種工作瓶頸或生活上的挫折，無論是任何年紀，都可以重新出發。

當然，建立成功的模式，要有智慧與方法。人生不如意十常八九，此為老生常談，既然不是人生勝利組，「當我失敗時，我會去想，這失敗經驗告訴了我什麼？是我不夠努力嗎 ？還是運氣不好？抑或是此次的目標太難？」面對逆境時，她也會去想，「我是否要繼續過這樣的日子，整天處在自怨自艾的狀態，還是打起精神來，重新振作，向前邁進，抱持正面心態。」

遇到困難時，不要被事情的難度所蒙蔽，而是經過深思熟慮找出解決問題的方法。楊程媛建議從以下四個方向著手：

1. **問題事件：**面臨問題事件本身，我的心態感受如何。
2. **確認目標：**聆聽自己內心深處的聲音，確認自己欲達成的目標為何。
3. **執行策略：**制定達成目標的有效策略，與時俱進，擁有創新思維，運用可用資源，發揮最大效益。
4. **預期成效：**運用策略方法落實執行，包括如何分配時間，身體力行，同時在心中想像達成願望的情境畫面。透過制定個人生涯願景，可想像未來理想生活的全貌。依終身願景規劃階段性的目標，確實付出行動，更有可能帶來幸福愉悅感。

楊程媛深信，人的自信會隨成功經驗的累積而逐漸增加；信心是迎向每次挑戰的能量。總之，**擁有正向思維是引領一個人邁向成功的鑰匙**；透過轉念，俯瞰瑰麗，坦然面對得失，必能翻轉不一樣的人生。

楊程媛小檔案：

大專院校教師
圖書館説故事志工老師
安養院志工老師
國立新竹教育大學教育學碩士

Part

02

逆勢飛翔

勇敢挑戰環境，

突破外在限制，逆風高颺。

09

李後昌

正向觀念是成就一生的關鍵

李後昌轉念心法：

AI 時代來臨，唯有找到自己不足之處，不斷的提升本能墊高自己，才不會被世界淘汰。

「小時候，我以為我要當農夫；出社會以後，我開了工廠當老闆；現在我是講師，是很多社團的顧問；人生的轉變，總是無法預期、卻又充滿挑戰與驚喜！」李後昌這麼說。

在小學的時候，應該每個人都會在課堂中被老師問到：「你長大後的志願是什麼？」李後昌也是；那時，班上同學們有的想當老師，有的想當警察，但李後昌真的不知道自己想做什麼；因為家裡在大溪，世代務農，所以他告訴老師及同學們，他要當農夫，在家種田。

在早期的台灣，社會觀念保守，尤其在鄉下農家，父母會希望孩子們長大後在家裡幫忙，家族聚在一起；去外地工作與否，其實不那麼重要。

李後昌畢業後，他放棄了聯考。某天一位從小一起長大的鄰居同學要到台北工作，鄰居的父親行前到李後昌家裡，問他要不要跟同學一起去到台北工作？李後昌的父親雖有不捨，但還是決定讓孩子去台北試看看。

看到技術取勝，再辛苦也要學！

於是，李後昌的行李也沒什麼可以帶的東西，就用一條大毛巾當作包袱包起兩套換洗的衣物，跟同學到台北去工作了。他跟同學去一家鐘錶零件公司當作業員，當時的月薪是750元，李後昌說，這是他生平所領算是不錯的薪水了，這筆收入也可拿回家幫助家計。

在工作一段時間以後，他發現同時間進公司的同事，薪水比自己多出兩、三倍，因為他們已經是師傅級；李後昌開始覺得，技術勝過一切，技術好就可以領較高的薪水，於是他跟同學討論以後，兩人就下定決心去學技術。

他們離開了鐘錶公司，到一家製造沖壓及射出模具的工廠當學徒。剛出社會的李後昌還很青澀，到了新工廠後，老闆同意就去上班了，一心只想學技術。他回憶起那段期間，因為傳統工廠都是師徒制，打掃、跑腿、收拾工具，當徒弟的什麼事都要做，還經常因為技術不純熟而被責罵，非常辛苦，但他都咬著牙堅持下來了。

李後昌任勞任怨的工作，當學徒沒有薪水，每個月只有 200 元的零用錢，有時甚至不到 100 元，他也不在意，他的心意是專心一致想把技術學好；學了兩三年，他覺得可以了，自己的能力，應該跟師傅不會相差太遠。

這時，李後昌以前待過的鐘錶公司，有一位股東出來創業，開了沖壓工廠，他就跟同學兩個人一起去這家新工廠上班。他說，「那年代就是比較憨厚老實，有工作也就直接去上班了，不會問薪資。」領薪水時老闆就給了 3,500 多元的薪水，李後昌很開心！他覺得，當學徒那兩、三年的辛苦，真的值得了。

隨著工作經驗的累積，李後昌發覺其實自己仍然只是個半師仔，離真正的師傅級別，其實還有一段路要走，因每一個模具都要靠雙手耐心的慢慢磨出來，如同小學課本所讀的「鐵杵磨成繡花針」，一點也不誇張。技術想再提升還需要更多的磨鍊，晚上閒暇之餘，他就去臺北工專報名補習製圖與模具設計。

初創業沒訂單，慘到連電費都付不出來

那時候台灣經濟正開始起飛，只要肯努力、肯做事，就一定賺得到錢。

人各有志，在李後昌 27 歲時，他決定自己創業。當時他把所有的積蓄全部拿去買了幾台機器，找一起學習的同學來幫忙，開了一家金屬沖壓製造工廠。

然而事不從人願，當了老闆以後，李後昌才發現想創業除了自己要會技術之外，更要有詳細的規劃，以前他只會做師傅，缺少這方面的資訊。對於創業規劃完全不懂就貿然創業，導致他的工廠幾乎沒法經營下去。

創業之初完全沒有客戶和訂單，因為李後昌所認識的客戶都是之前老闆的，他也沒有去搶以前老闆的客戶，覺得這樣做很不道德。他分享過往那段無奈又很艱辛的創業生涯，大約有一年的時間，他跟兩個員工每天幾乎無所事事，因為沒有什麼工作可以做；坐吃山空，他的資金逐漸耗盡，幾乎過著三餐不繼的生活，李後昌形容，那時候常常連幾十元的電費都沒錢支付。

創業路，再艱難也要堅持走下去

為了突破困境，他只能去找一些認識的同業，從代工開始做起，勉強維持工廠運作。

當慢慢有了訂單後，李後昌還面對一個困難，就是現金流量的問題。也就是說，當產品生產完畢交給客戶，客戶的付款方式都是隔月結算所開的支票，要等到兩個月到四個月後才能兌現。這對一家小公司來說，由於交易量低，公司資產不多，信用也不夠，銀行根本不讓李後昌以票貼的方式提早取得現金，但是在生產過程中的材料費、員工的工資、公司開銷等等，都是用現金或短期支票支付的，所以資金周轉的壓力很大。

他的太太，也就是公司的會計，常常在跑銀行三點半。當時他常為了周轉四處找人借錢，所能找的對象也只有以前幾位要好的同事，再說大家都是出外人，能借的錢也有限，即使是一點小錢，也讓他如獲甘霖。

因為李後昌的為人誠懇，製做得產品價格實在，後來經由朋友介紹兩個客戶，一直在訂單和資金上幫他，令他至今一生感恩在心；這兩家客戶也是讓他公司穩定成長的事業貴人，讓李後昌能有充裕的資金來支付材料供應商，產品製作更為順利。

工廠在李後昌的努力以及諸多朋友及客戶的協助下，訂單逐漸增加，工廠也越來越有規模，從最開始的二個員工，發展到有二十位員工，機器設備擴充越來越充足，資金的流動也正常起來，他也才能鬆了一口氣。

寧可人負我，不可我負人

在事業穩定後，開始有朋友和廠商向李後昌調頭寸，李後昌說，因為以前自己時常遇到求助無門更能感受到別人的需要，所以他會願意幫住別人。他認為，當年受到別人的幫忙，現在他有能力了，就應該回饋幫忙別人；但人心不古，很多人借錢後耍賴，他因此被倒了不少債。

至於被倒債後的心情如何？李後昌這麼說，「有位廠商拿了一張不少數目的支票跟我調頭寸，其實我知道風險很高，有可能會跳票，但是我還是借給他，後來真的就跳票了；之後人就不見了我也沒去找那位廠商，有一次我跟太太在醫院看到這位廠商，我們沒有衝過去跟他要錢，反而跟太太調頭就走，因為在想他一定過得很辛苦，就不要為難他了。」

也就是自己心太軟：「我願助人，寧可人負我，不可我負人」，當時李後昌以同理心幫助別人，但關於朋友間的借貸問題，在往後當講師上課時，他都會提醒同學，幫助別人是好事，但幫助前要先評估對方的可靠性，且量力而為，更要勇於說不。

加入健言社，學會講話及溝通技巧

公司事業穩定後，李後昌回顧自創業以來的艱辛，幾乎很少有放假，他覺察到，自己跟現實社會脫節了。他開始有了一個念頭，想走出工廠出去看看外面的社會。在某一天，他看到報紙的一張夾報，內容是三重健言社招募社員的一句聳動的標語，「加入三重健言社，讓你人生更出社。」李後昌起心動念，就加入了三重健言社，也從此改變了李後昌的人生。

李後昌參加這個社團，也是藉此可以一週有一天放鬆的機會。在參加社團的第一天，看到社團活動是讓社員大家輪流上台分享經驗，參加活動時社團幹部也都很熱情招呼，這是他從來沒有感受過的溫暖。

之後，恐怖的日子發生了，活動幾次後社長要李後昌上台跟大家自我介紹，他很害怕根本不敢上台，猶豫了很久，在大家的鼓勵中勉強走上台，上台以後看到台下幾十人的眼睛感到極度的恐懼，只覺得眼前發黑，全身冒汗。他還記得，自己站在台上很長一段時間無法開口，後來在主持人的協助才勉強報了自己的名字，然後就直衝台下。

有了這恐懼經驗後，他一直猶豫還要再去健言社嗎？深怕又丟臉；但李後昌還是決定再去參加，只是遇到上台的機會時堅持不再上台。

大概花了一年多的時間，他慢慢能適應，從不敢上台到不知不覺的敢上台演講，甚至在一次演講比賽中得到演講比賽冠軍，讓他受到很大的鼓勵。這個獎牌迄今依然放在他家裡櫥櫃中，一直激勵著他遇到就要勇於面對。這是李後昌參加三重健言社最大改變，因為他沒有被上台的恐懼打敗。

參加健言社後，李後昌開始發現，原來他以前是一個木訥、不善於講話的人，不敢主動開口去跟客戶談業務，因看不到自己有口語表達的缺點，讓他在事業上損失很多業務機會；經過在建言社歷練後，李後昌學會敢站上台說話建立自信，提升說話的邏輯能力，而逐漸的建立起廣闊的人際關係，對成功經營事業助益良多。

投入社團擴展人脈圈，創造人生第二春

口才是建立人際關係的基本條件，李後昌經由朋友的推薦，參加經濟部中小企業榮譽指導員，受聘條件都以中小企經營者為主。有機會參與各中小企業主交流，從交流中他學到很多中小企業經營與管理知識，對於師傅出身的李後昌來說，都是對事業經營非常寶貴的經驗。

以前的李後昌因口才不好，只會做不會講，就算講，也常講得辭不達意，但現在的他有良好的口才表達，說話也更有自信。受聘榮譽指導員後他同時參與了各項輔導工作，包括中小企業、勞工就業中心、青年創業諮詢和政府相關單位等等，擔任輔導顧問和諮詢委員。在輔導過程中，他把自己的創業經歷，透過口語表達力傳授給學員，讓學員吸取他的經驗，減少失敗風險。

李後昌找到自己未來志向，走出工廠，踏入社會團體；這是他的初衷，他參加了近十個社團，成為許多社團的顧問。太太曾抱怨他把太多時間投入在社團，但李後昌認為，這是他回饋社會貢獻能力的機會。現在公司業務穩定成長，公司經營就交由同時一起出來學習的同學管理，他則全心投入企業志工行列。

從輔導者到演講者，邊學邊教

李後昌從輔導者轉變成演講者，時常受邀至大專學校傳授求職面試相關知識、在政府機關演講溝通與人際關係等，越來越有心得，在演講過程中有肯定、有挑戰、也有挫折。

他曾在中國醫藥學院講授求職面試技巧，課後學員提出很多求職的問題，他都一一給予回饋解答，一講就忘了時間，多講了兩個小時。看到有這麼多學生忍受中午挨餓還踴躍提問，這種積極求知的場面在其他學校很難看到，讓他感受到，這就是對他的「肯定」。

他也曾在大葉大學英語系傳授三堂口才訓練課程，雖然自己對英語完全不懂，但是他運用互動教學的技巧，同樣一個主題，讓一組同學用英文演練，另一組同學用中文演練，然後讓兩組學員交叉比對，也能讓學生實質學習演講技巧；尤其是系主任和指導教授也全程參與，對不懂英文的他是一個很大的「挑戰」。

李後昌擔任講師演講過程並非一帆風順，也曾受到很大的「挫折」。有一次到公部門去演講，學員都是公務員，來聽演講的都是各單位指定派員參加的，大家坐在台下，只看到他們冷漠的神情；演講中看到台下聽眾無奇不有，有帶書來看的、有帶筆電來打的、還有在做手作、其中玩手機睡覺的就不用說了。

看到這種場面，為引起聽眾的興趣，他盡量增加互動，但仍然得不到聽眾正面回應；在準時下課後，他的PPT都還沒關，一轉眼幾十位聽眾都跑光了。這種場面看在心裡，他相當難受，「但這也不能怪聽眾，而是講師要自我檢討，為何會講出一場失敗的演講。」

李後昌從演講中體驗到一點，受到肯定不要太得意，受到挫折也不必太失意；身為一位講師，有責任在每一場演講讓台下聽眾得到最大的收穫，這才是講師應有的態度；「沒有最好，只有更好」，講師就是要隨時不斷的檢討課程，把最好的知識傳授給聽眾。

自己開設課程，成為受尊敬及受歡迎的講師

隨著演講經驗累積越豐富，李後昌覺得，演講是被動等待別人邀請，不如化為主動自己來開課班授課，讓需要的人有更多學習機會。於是，他第一次選擇在三重社區大學開設「公眾

表達口才訓練的課程」。

他還記得當時報名非常踴躍，一班有 30 幾人，但是上著上著，出席人數剩下一半，有時還更少，他甚至被社大主任叫去關心。經由檢討後發現，學員來上課有心理壓力，他們不敢上台，就會想逃避來上課；於是李後昌回想到當年剛參加三重建言社自己也是不敢上台的那一幕，他善用同理心調整課程形式，讓學生輕鬆無有壓力的來上課，慢慢讓學生接受，出席率就變高了。

在社大這二十年來，他培育出無數優秀學生，有很多學生來上課後，都成為專業講師。

在資訊多元時代，上台說話的機會很多，開會報告、會議簡報、上台致詞、活動主持，都需要上台講話，但是，有的人對上台會有恐懼、上台會緊張、頭腦一片空白詞窮，這些問題都會影響個人說話的魅力。

李後昌有感於各行各業學員對學習口才的重要，於是將口語表達課程延伸到全國開班授課，讓更多有需要的學員能就近學習。曾經有學生問道：「老師你遠從台北來高雄上課，不會累嗎？」他發出會心一笑回答說，「看到學生學習口才後能在職場上發光發亮，這樣我一點都不累。」

「學員能把學到的東西運用在職場上，這比什麼都值得。」李後昌把學生當朋友看待，在三重社大授課二十年，來參加的學生學習口才後在職場和事業上都很有成就，就跟李後昌參加建言社學習好口才後改變了一生的道理，是一樣的，每次看到學生因口才而擁有好成就，這是當老師最大的驕傲。

教學二十年來有一群學生們持續的支持，學生主動成立了李後昌老師學友會和讀書會，讓來上過課的學生結業後能參加學友會，前後期的學生再共同學習、成長。畢竟，學習只是一個過程，要能永續學習，才會讓人生過得更精彩。

李後昌感受到，「人的一生無法選擇自己的命運，但是絕對可以改變自己未來的命運。」他在人生過程中不斷學習，更以堅定的態度持續學習，因而也不斷改變他的命運走入正向。他說，首要感恩的是他父親有開放的觀念，讓他能來台北奮鬥，體驗不同的人生，至今剛好半世紀。在這五十年的人生道路上雖然走得跌跌撞撞，碰到無數挫折和困難，李後昌都能以堅定的信念去面對各種挑戰，加上曾經協助過他的每一個貴人、和一群一持續支持的學生，讓他事業順利，從公司老闆轉型成為一位成功的講師。

在不同的人生階段，李後昌改變了命運，這不是偶然，而是靠堅持所得到的。最後他更以香港富商李嘉誠著作裡的一句話來勉勵大家，「做什麼事不是因為希望才去堅持，而是因為有堅持就能看到希望。」

李後昌小檔案：

溝通口語表達訓練 講師
經濟部中小企業 榮譽指導員
勞工就業創業 輔導顧問
中小企業公司 總經理

10

吳岳軒

學會更相信自己

吳岳軒轉念心法：

凡事都有最好的安排，先相信、再看見，最後就會發生；凡事感恩，遇到的每件難事，都是要塑造我成為更好的人。

「我是一個走歪的斜槓青年。」吳岳軒這樣笑稱自己。

學生時代念的是精密航太相關科系，由於學校與企業產學合作，吳岳軒的學生日常不是在上課、就是在上班，幾乎沒有個人的休閒時光。眼見同儕每天在臉書 PO 文分享大學精彩繽紛的生活種種，對吳岳軒來說彷彿是平行世界。

他心想，至少在工作與上課之餘可培養一點個人的小興趣，於是開始趁課餘的空檔嘗試在網上自學剪輯影片，沒想到越學越玩出興趣！他後來無意中又接觸到一個攝影團隊，有機會跟他們學習拍攝影片。

找到自己真正的興趣所在後，吳岳軒打算畢業、退伍後即轉行，果然一退伍，他就順利進入影像工作室從事動態攝影。雖然初始待遇不高，他已踏上追求夢想的道路。

工作不忘創業，發展多元生涯

當初，吳岳軒「不務正業」的從原本的航太業工廠作業員轉換跑道到攝影，之後經歷不同行業的洗禮與磨鍊，包括網路行銷、互動式動畫遊戲企畫、策展，最後到建築設計公司擔任影像行銷企畫，同時開設自己的公司。

勇於探索未知的吳岳軒回顧過往，「這一路走來相當不容易，要學習的東西很多，要面對的人事物也想當多；而且跟我同年齡層的企業主不多，所以能夠尋求的機會也很少，我就這樣一路跌跌撞撞走到了現在。」

談到創業的緣起，吳岳軒憶起，大學時曾遇到一位朋友問他，「你未來畢業要做什麼？」當時吳岳軒沒多想便回答，「我可能就一直待在這間（航太業）工廠直到退休吧。」朋友又說道，「你既然那麼喜歡剪片和拍攝，怎麼不朝著開攝影工作室前進呢？」

這樣的鼓勵，在吳岳軒心中種下一棵種子，讓他開始思索以工作室為目標的生涯規畫；即使退伍後待過幾家公司，持續學習精進，但他從沒放下自己創業的念頭。

直到他在社群上結識了教授「斜槓生涯」與理財的Aaron（陳詩元）老師，陳詩元鼓勵他成立公司，也跟他分享很多自己創立公司的心得。碰到志同道合的夥伴，讓吳岳軒更加有信心，開始鑽研所有與攝影相關的事物，並且積極的去接洽更多案子。

不管案子是大是小，吳岳軒初期來者不拒，因為這些對他來說都是練習的機會，讓他從不熟練到精通。到現在他可以自己接案，並開設了一間創意行銷公司，結合了他過往的職場資歷與所學，與攝影、行銷、文創相關，其中攝影尤其是他的專長，讓他順利接到不少公部門的案子，代表的作品包括：花蓮台東轉運站宣傳影片、屏東縣政府第一鮪活動影片、成功大學土木系花蓮太魯閣山月吊橋專案等。

整合行銷公司坊間所在多有，吳岳軒的公司又不大，但是若與他接觸，你不難感受到，他在言談間所散發的個人特質——積極、熱情、具親和力；而且，由於他待過許多與行銷相關的產業及領域，因此相當擅長運用「說故事」的角度製作影片，讓觀看的受眾容易感同身受、情緒受到感染，因此更能夠為客戶的產品加分。

即使近年來大環境挑戰不斷，創業不久的吳岳軒，對於未來仍懷抱不滅的熱情與信心，終於找到「最愛」的他對自己說，「我希望持續的創作，也持續的回饋這世界。」

辦公室情緒風暴，比工作不順更可怕

不過，這位剛滿 30 歲、不斷在生涯跑道上「斜槓」的年輕人，亦曾遭遇職場逆境，且不在少數。

吳岳軒回顧，他曾經在一個知名策展公司上班，在公司裡原本是擔任影像製作人員，對公司亦懷抱憧憬，到最後卻因為與老闆的衝突，落得與公司不歡而散，對自己的信心也一夕間崩盤。

吳岳軒這段故事，可能許多社會新鮮人都有感。公司一開始跟他談的條件，只有製作影片，但進去公司沒幾天，公司開始要求他及其他同仁都要同時擔任專案經理。「因為我對自己有興趣的事情會充滿熱忱，當下會想要去嘗試看看，所以就答應了。」他說。

一切惡夢便是從這裡開始的。

因為專案管理並非吳岳軒熟悉的領域，很多地方他都不懂，就會拚命詢問辦公室的前輩，但多半得到不耐煩的回應，他只好自己勤於上網搜尋資訊；且老闆常傍晚 6、7 點才開會，或是一開完會就要求員工明晨交報告，因此每天加班到 8 點才下班，成為工作常態，「這過程還滿辛苦的，尤其是同時要面對廠商、老闆和同事，對我來說是一大挑戰。」

幾天後，老闆找吳岳軒約訪，說他做的專案這裡不 OK、那裡有問題，必須調整，還說了一句：「公司不是花薪水給你來學習的！」吳岳軒只好摸摸鼻子，回答老闆：「我會努力！」

不過，接下來的日子越來越難過。由於老闆是屬於那種「控制欲」極強的老闆，凡事習慣「緊迫盯人」才有安全感，之後吳岳軒三天兩頭被老闆約談，其他同事也是。吳岳軒心裡逐漸感覺，自己的工作內容已經變得跟之前公司說的完全不一樣，也開始對自己的工作產生壓力，情緒起伏不定，甚至萌生辭職的念頭，「但是我告訴自己，我至少要撐一年，不管多辛苦，總得學到一點東西再離開。」

另一個壓力源頭來自於，這家公司是老闆的全家人都在公司上班，公私界線不分明，無形中也造成員工的壓力。吳岳軒舉例說道，由於老闆的兒子患有身心症，老闆常在會議中當眾飆罵兒子，他兒子則被罵到開始在大家面前做出一些自虐的動作；當下見狀，「說真的，每個人都不知該作何反應，感覺場面非常尷尬。」老闆甚至要求吳岳軒私下多花時間關懷她兒子的狀況，並且向她彙報。

這種工作以外的「特殊要求」，身為員工既難以拒絕，答應了又為難，徒然增添心理負擔。

身處多重壓力下，在邁入第三個月時，吳岳軒終於崩潰了。老闆日復一日的高壓控制，有一次他甚至被飆罵到爆哭，讓個性一向樂觀開朗的吳岳軒開始懷疑自己的工作能力，「這麼大的人還被老闆罵到哭，我是不是真的一無是處、什麼都不會？」下班回家後，也擠不出笑容。無奈之下，他開始尋覓新工作，找到工作後，就跟老闆提離職，準備做好交接，在下一個月就離職……

偏偏，將離職又未離職的那一個月，通常是職場中滿尷尬的一段時間。當時，吳岳軒恰好有一個已交接出去的專案發生狀況，老闆在會議中詢問，發現這個專案跟他有關，不由分說，立刻勃然大怒，當場拍桌，當著所有同事的面前狂飆吳岳軒，然後對他說：「你做到今天中午就可以滾了！」

遭老闆言語霸凌，自我信心一夕崩盤

被老闆瞬間的情緒風暴來襲，吳岳軒當下只感到錯愕，眼見同事們同感震驚的神情，他已失去任何反應的能力，只能以「崩潰、無助」來形容此刻的心情。幸好還有同事們私下紛紛安慰他，說：「這不是你的錯，你趕緊去新公司報到……。」

對於原本就要離職的吳岳軒來說，這事件的衝擊並不在於丟工作，而在於碰到情緒容易瞬間暴走、失控的老闆，自己的心在不自覺間受到創傷，也失去對自己的信心，不禁自我懷疑：「我到底做錯了什麼事？」「我是不是真的非常糟糕、一無可取？」終至全盤否定自己的一切。

面對這樣的言語霸凌，吳岳軒花了很長的時間，才自這樣的陰影中逐漸走出來。後來轉到新公司後，新老闆有一天問到他怎麼會離開上一間公司？誠實的他，也一五一十的將前因後果說出來，新老闆鼓勵他：「這不是你的問題，是你那位前老闆不會運用人才，把人放錯位置了。」聽聞此言，這時他才開始慢慢找回自信，重新打理好自己的心態。

「我告訴自己，我是可以的，我不是什麼都不會，只是被放錯位置。其實也是透過好朋友與新老闆的陪伴，我才慢慢走出來。」吳岳軒說道。

合夥關係不順，不敢再輕易相信他人

另外一件讓吳岳軒難以忘懷的事，同樣來自於人際問題。

這事件發生於他想在事業上轉型時，當時他找了很多方式想發展新商機，突然間看到一位資深媒體人的訊息，感覺彼此好像有合作的機會，就主動聯繫對方。

合作前期他們相談甚歡，也共同規畫好未來的藍圖——發展 LINE 電子名片，吳岳軒負責技術研發，對方則負責後續的推廣。吳岳軒在這當中很興奮的一直付出時間和心力，甚至去學習一些原本不會的技能（包括程式設計），最後研發出一個理想的系統，團隊也很開心。

系統研發出來後，接下來邁入推廣期，但兩、三個月過去了，對方在推廣方面看來並無果效，甚至嘗試連絡時音訊全無⋯⋯。

就在這時，有另外一位老師看見吳岳軒有這樣的技能，便找他想要談合作；吳岳軒先是將此訊息告訴對方，但對方那邊仍是毫無回覆。於是，「我就只好跟這位老師合作，老師真的幫我拓廣了一些人脈，有順利賣出去。」

就這樣過了差不多 1~2 個月後，這位人士突然私訊吳岳軒：「你就這樣背著我自己偷接案，都不用分潤給我嗎？」但是當吳岳軒嘗試解釋其中緣由，對方卻已完全聽不進去。

接踵而來的，就是生活中無止盡的騷擾與恐嚇，甚至恐嚇吳岳軒說要去他家和公司堵他，令他相當的害怕。後來吳岳軒有請教律師和刑警，律師說他的做法並未違法，提醒他可以先把對話截圖，保護自己；後來那位人士果然說想要告他，但完全無法告成功，律師說，如果對方提告，他可以反告對方另外三條罪狀等等。

在這樣的日夜精神壓迫下，吳岳軒在這段時期每天日子都過得很緊繃，隨時感覺膽戰心驚，想做自己的事也毫無心思與氣力。直到後來，幸好對方沒再有任何動作，整個事件才平息下來。

關於那位人士要對他提告之事，吳岳軒承認，「對我造成的影響滿深的，直到現在，我都不太敢隨意跟別人合夥；若有需要，我也是先要詢問過很多人，找到安全感後才比較放心。」他說，這當中好在有家人和女友的鼓勵和支持，才讓他重新振作起來面對人群；反倒是，在度過這一個關卡之後，他開始為了開創自己公司的路，繼續向前走。

生命的低谷，迫使我變得更好

事後回顧這些人際關卡，吳岳軒說，「我覺得生命中的逆境和低谷，都會是迫使我變得更好的時刻。」若能在逆境當中去思考事件發生背後的原因，以及未來可以如何改善，很多時候就能在逆境中找到出口，同時發現生命中的美好。因此，他在逆境當中是抱持著感恩的心情，「感恩讓我遇到這樣的逆境，以至於知道自己又可以有所成長了！」

「一切都是最好的安排」，有時上天要送你「禮物」，只是那禮物看起來是「困境」與「不順遂」。

所以，遇到生命中讓你極端不舒服的狀況，或許正是能帶給你最大的學習，每一次的逆境，迫使你檢視自己當下的狀態：哪裡需要調整？哪裡需要更努力改善？「我覺得，當下一定都會感覺極度的難過與受挫，但是冷靜過後、再回頭去想想，會發現其實許多事情沒有自己想像中的那麼困難，而這是一份很珍貴的經驗。」吳岳軒說。

學習人際課題，擺脫情緒的綑綁

在職場上，有時你自覺已盡了全力，但他人給你的回饋不如預期，甚至全盤否定你；或是你自認對對方並無虧欠、仁至義盡，對方卻誤會你、怨恨你、或覺得你對不起他……。有時必須承認，我們就是無法掌握他人要怎麼想、以及如何看待我，畢竟對方也是一個完全獨立的個體。

人際關係原本就是不容易的課題，而職場人際關係還加上位階、角色和立場的顧慮考量，往往更加複雜，讓人心很累！為了避免自己陷入無止盡的負面情緒低潮，當你面對人際失和的狀況時，除了跟對方保持距離、保護自己，轉念的練習也非常重要；畢竟我們難以改變他人，唯一能改變的就是自己。

所以，或許我們該適時的學會「放下」，放下他人對我們的好惡、臧否，因為你怎麼做都不可能取悅所有人、或滿足所有人的需求；同時，嘗試回歸自我的核心——是「我自己可以調整或改善」的部分，就努力去調整或改善，而「不屬於我的問題」或「超越我能力所及、無法解決」的問題，就學會放下，讓自己有力量持續前進。

因此面臨人際難題，真正重要的是，我們要懂得分辨：什麼是屬於對方的功課，什麼又是我們自己該有的學習。當跳脫當下的情緒反應，用更高的視野、更寬廣的思維，練習客觀看待這件事，往往就能跳脫情緒的綑綁，放下那些委屈憤怒，更從容淡定的面對衝突，讓自己活得更加自信自在！

同時，我們在職場、生活中，什麼樣的人都可能遇到，能力高強但情緒容易歇斯底里的老闆、或覺得任何人都對不起自己、憤世嫉俗的工作夥伴……，其實每一個人在工作場域都可能曾經碰過；而且，在衝突的當下，會令人不知所措，想不明白對方為什麼要這樣對待自己！

但這些事未必會有答案啊！他是他，你是你，他不會因你而改變，但你也不一定就要受到他的影響。重點是，**不必自對方的角度去定義你自己，也要適時保護自己，無須隨對方的情緒起舞**，找回照顧自己內在情緒、自我療癒、或自行充電的方式，例如同事的肯定、朋友的陪伴、伴侶的支持、或家人的鼓勵等等。

轉念，我選擇再次相信自己

現在的吳岳軒，逐漸學會幫自己「充電」的方式，「當我覺得自己什麼都不會的時候，我會去想想我有哪些好的部分。像是我想要開公司，但是我發現自己什麼資源都沒有，那我就會往好的方向思考，去想我現在有什麼，我可以怎麼做，然後開始朝著這樣的方向前進。」當然，過程中他還是時時產生猶疑或困惑，「但是我知道，當我做下去之後，很多困難或是逆境都會一一被擊破。」

果然，到後來公司開了起來，案子也慢慢的進來了。

人際間或生活中的打擊無所不在，吳岳軒的體會是，「我覺得，最重要的關鍵是**換個想法，再次相信自己**，自己做出的每個決定都不要後悔。」當你相信自己，遇到逆境也能正面看待，並且會去思考，「在這當中我想要學習到什麼，我想要怎麼去度過這個關卡。當我度過後，未來甚至能分享及幫助有類似經驗的朋友，擁有更美好的人生。」

吳岳軒小檔案：

軒偲樂創意行銷有限公司 執行長

五更攝影工作室 影像總監

BNI 富揚名人堂分會 創會祕書財務

天使斜槓聯盟 核心講師

逢甲大學 FSPN 永續夥伴

ESG 攝影師

11

邱柏善

學會欣賞人生另一種風景

邱柏善轉念心法：

準時其實等於遲到！只有當你作超齡的準備，才能比同齡的人更加卓越！

對許多人來說，如何謀職是個大哉問。從哪個產業切入是個問號，該由哪個部門當起手式無從得知，如何挑選適合的公司似乎只能隨緣，好不容易選定工作後，如何在職涯中取得成功又是一門大學問。這當中水很深、坑很多，一不小心踏空，需要面臨的很可能是逐漸「無亮」的前途。隨著年齡增長，風險逐步提高的同時，「亮度」往往越來越低！

由於大學時期參加許多國際事務相關活動，邱柏善當時相當確定未來工作方向會與外交事務相關，但後來擔心這條路偏窄，進而轉入民間企業求職。基於自己的文科背景，在沒有專業技能的情況下，從業務工作切入門檻相對較低，多年下來即便轉職到不同公司發展也看似順遂；但疫情發生後，就業市場在K型經濟中產生鉅變，邱柏善的工作狀況也受到衝擊，心情也受到影響。

面對職涯不同階段的抉擇與順逆，如何做好自我調整，隨時面對挑戰，希望邱柏善的故事，能為有相同疑問的人帶來幫助。

從非專業到專業的成功路 ——
無法夢想高遠，就無法成就遠大

從小到大，邱柏善念的是公立學校，成績雖算不上好卻也維持一定水準。了解數理不是自己的強項加上對英文興趣濃厚，在聯考為主流的年代，邱柏善反而靠著土法煉鋼的方式強化英文能力，最後透過英文資優甄試保送英文系。隨著時間遞移才逐漸發現，之前下苦功的英文對自己之後的職涯發展有莫大助益。

大學時期，校內社團中邱柏善僅參加系學會，校外的部分則是每年寒暑假固定參與救國團海外處活動，其活動內容類似國民外交，與會者皆為海外人士，視活動性質有不同參加者，

有的是華裔學生，有的則是其他國家的政府官員，或學者與企業人士等。邱柏善與其他大專生則是以輔導員身份負責安頓參訪人士在台的每日生活事宜。藉由協辦這些活動，邱柏善讓自己維持在英文的環境中，也開拓自己眼界並認識不同領域的朋友。

大學畢業後，邱柏善選擇進入外交領域的研究所就讀，就學期間因故曾參訪過外交部與陸委會，也有機會拜訪過香港特首、海協會，並於人民大會堂拜訪當時國務院副總理。這些參訪經驗讓自己覺得外交工作很有趣，也認為應該是個不錯的起點。儘管如此，在多方了解後，發現外交領域充滿不確定性，門窄路也窄，如果進入後不順利，其它選擇似乎不多，在多方思考後便決定轉往民間企業嘗試。

由於自己屬於文科背景，加上英文能力僅為工具而非核心技能，因此毫無頭緒應如何切入職場。在缺乏方向感的情況下，邱柏善選擇從相對不需要太多專業知識的業務開始。為了以大公司為起手式，邱柏善的履歷投放標準便以資本額規模做為主要參考依據，從資本額數百億、數十億、數億，到最後幾千萬的公司。

在投放數百份履歷之後，他最後只得到四家公司回應並得到面試邀請：P&G（寶僑家品）、華碩電腦、大碩補習班出版部門、與幫 NIKE 等品牌代工的寶成鞋業。這當中有些公司不適合自己，有些是自己不適合那些公司，最後邱柏善加入 P&G（寶僑家品）的業務部，得到的第一個職稱就是客戶經理。職稱儘管叫經理，其實也是從基層執行面開始做起，包含到各個賣場補貨、給訂單、做陳列等。

在 P&G 的企業文化中，員工經常被輪調，目的在培養員工成為在該部門各領域都熟悉的專業人才。於是，在任職的 8 年內，邱柏善陸續輪調了 5 個職務，也經歷了 13 位主管（因為主管也常輪調），從業務銷售調動到通路行銷，從快消品部門調動到專櫃品牌；而且因為表現優異，每次調動的速度都很快。

不僅歷練各種快速消費產品的業務及通路行銷職務，公司也派邱柏善負責國際彩妝品牌的全省百貨專櫃，管理美容顧問，達成品牌目標。

回想這段經歷，邱柏善深有感觸，「因為對未來職場方向的不明確感到憂心，一開始想當外交官而攻讀外交相關研究所，畢業後卻轉到民間企業謀職。所幸英文能力與救國團的經驗，加上求職前的萬全準備，讓自己有機會進入門檻相當高的P&G。」

雖在 P&G 有幸歷練不同職缺，並與不同主管學習，可惜的是每段期間都不長，否則在公司制度、組織結構及同事能力都良好的情況下，有機會在固定部門與固定主管學習若干時間，應能讓自己累積更多專業職能，其中也包含看待職涯的價值觀。

破開逆境的旅途，不斷嘗試新的可能 ——
得意時享受事業，失意時享受家庭

由於在 P&G 接觸的品類不僅有民生消費品、化妝品、也包含小家電，操作的通路跨越量販、超市、百貨通路等。當台灣雀巢剛引進膠囊咖啡機，急需有經驗的人協助通路開發，邱柏善便透過獵人頭公司的媒合加入台灣雀巢，負責該產品的業務開發，並讓該品牌連續兩年取得卓越的業績增長。在雀巢之後，又因前同事的介紹加入克蘭詩、開架醫美領導品牌 Dr. Wu、濾水品牌第一名的 BRITA 、以及美商亞培，每一家都是知名企業。

看似順遂的職場發展背後其實隱藏著危機。邱柏善分享道：「職場上要求的是深耕，必須要在同一個跑道上不斷耕耘，例

如從事業務工作，應該從頭到尾都待在業務部門；如果是專精在快消品市場（FMCG，Fast Moving Consumer Goods，指價格較低、銷售速度快的民生消費品），就應持續在快消品產業中打拚；頂多就是換個通路，或是從沒帶人的基層員工成長為帶人的主管。」而邱柏善在 P&G 時則是從業務輪調到通路行銷，也從快消品調動到專櫃品牌、家電品牌，且每段時間都不算長。

因為一直不斷接觸新東西，這樣的職涯發展讓邱柏善覺得相當有趣，也有點視為理所當然，之後即使換工作，邱柏善還是秉持類似想法，維持每份工作的轉換的節奏。隨著年紀漸長，邱柏善才逐漸發現這樣的職涯發展其實對就業市場來說並不討喜。對找人的公司來說，這樣的人員有穩定性的疑慮，如果待不久就離開無疑增加公司的機會成本，也讓公司必須不斷找人，不利公司業務發展。

在美商亞培任職期間，因公司經營策略改變而產生組織異動，並對邱柏善的工作帶來影響，使他頓時失去舞台，這對過往職涯發展順遂的他來說不啻是個莫大的打擊，也讓他開始反思，如果時間重來，有哪些職涯的決策可以做得更好。儘管這段時間讓他嚐到人情冷暖，但邱柏善不甘就這樣被打倒，因此依然不斷嘗試，希望能殺出一條新的道路。

短暫離開職場這段期間邱柏善不斷透過閱讀與課程持續學習，但才赫然發現，在職時低頭看電腦讀報告，是個有公司當靠山的快樂上班族；但離職後　頭四處看看，才赫然發現世界很大，不同於過去在職場上學到的技能。由於求學時期及職場上的人脈，他得到一些建議及幫助，也開始嘗試不同的道路。

舉例來說，邱柏善曾與朋友從日本進口二手物品在網路銷售，還為此申請商標；也曾試著從其他國家進口威士忌到台灣銷售，但經過評估後覺得成本結構以及市場過度競爭，覺得風險偏高而未時續進行；有認識立陶宛的朋友，也曾考慮把立陶宛的產品帶進台灣市場，但評估許久都沒找到合適的商品；除此之外，有朋友邀請自己去百貨設櫃，儘管已與百貨簽了合約，但最後百貨改變決策而不了了之。

除了上述嘗試之外，在經過自身優劣勢的盤點後，發現自己擅長的是英文溝通與對消費品市場的了解，於是同時兼職兩份工作，一方面擔任消費品相關產業的業務顧問，試圖幫國外品牌導入台灣市場，同時提供業務開發的服務及行銷建議，另外則是擔任觸控筆的業務工作。由於疫情關係，遠距教學與會議讓電腦及平板等電子產品需求大幅攀升，間接導致觸控筆商機的爆發，讓這類商品變得相當熱門，業務工作所接觸的客戶皆為各國際大廠，是過去產業不曾接觸的領域。

「得意時享受事業，失意時享受家庭。」由於這兩份工作屬於斜槓性質，有較多自主性，讓邱柏善有空間去思考、進修、學習，也有比較多時間經營家庭與親子關係。

學投資越早越好，提升資產同時增加財務安全感

財富自由與提升被動收入是這幾年很夯的話題，相關知識也很容易取得，可透過書籍、網路文章、網紅或電台節目等。這些內容往往在分享成功之道，進而教導如何快速致富。

對此邱柏善想提醒的是，投資是刀光劍影的金錢遊戲，只有極少數人從中獲利，絕大多數人都是被財富重分配的對象。試想如果你剛學會一種投籃方式，就跟不同 NBA 球員比賽，而且還拿錢對賭，如此一來輸錢的機率應該是「十拿九穩」。投資界中隱藏許多不同段數的 NBA 球員，技巧高且口袋深，知道如何影響市場，也對市場變化相當敏感，一般人在投資前應對投資標的有足夠了解，並避免心存僥倖心態。

由於對房地產相當有興趣，邱柏善閱讀不少相關書籍，看過近五百間房子，也實際參與多筆買賣，因此理論與實務經驗

都相當豐富。也因如此，許多朋友買房前都會詢問他的意見，或看房時找他隨行。

對想買房的人，無論投資或自住，他建議在下決定之前應先盤點自身需求。除了準備好預算，偏好的坪數大小、樓層高低、社區戶數多寡、周遭環境熟悉度、與上班地點距離遠近等都要先弄清楚。順序上應該先選定區域後再針對該區域釋出的物件逐一看屋，同時確認建商過往施工品質與社區住戶品質等，確認相關條件都在自己的可容忍範圍內，最後才是銀行鑑價以及與賣方談判。

在其它投資領域方面，比如股票與加密貨幣，邱柏善也投入許多時間研究：只有藉由提早了解並持續待在市場，才能在機會來的時候隨時抓住，並趁機獲利。雖稱不上專家，但由於花了許多時間研究，邱柏善了解到什麼才是正確的投資觀念。錢越多的地方水越深，坑也越多，要避免溺水與踩坑，不能只靠一招半式闖江湖，也要避免倖存者偏差。

因此，「**懂得投資學非常重要，最好從學生時期就開始接觸，甚至嘗試做一些小額投資，累積賺賠的經驗，並從中學習。千萬別臨老入花叢，等到年紀大了重押錯邊一次賠大錢才後悔**

莫及。」而學會投資帶來的額外收益，也等於是幫自己的未來買保險。

走過逆境，才深覺走過的路都是自己的資產

求職、創業、投資這三件事看似不同，但本質上卻是一樣的，都需要專業知識與機遇。只有當你具備足夠專業，機會來臨時才能比別人提早察覺並迅速在市場上插旗。而這三件事也充滿許多不可預期的挑戰與逆境，因此「若仍希望找到自己想要的舞台，**每個人都該儘早著手開發自己多元的能力**」。

由於邱柏善職涯一路上多是在全球前五百大企業或領導品牌的公司度過，擔任過部門主管，帶過百人以上團隊，在職場上有實戰經驗、善於簡報、口才清晰、反應敏捷，表達幽默。面臨職場上許多迷惘卻求助無門的年輕人，邱柏善希望很樂於分享一些職涯建議，包含如何決定就業方向、職涯過程中要如何應對主管及同僚、尋找貴人、以及轉換工作跑道時應該考慮的事項等。

他建議年輕學子，在學生階段就要覺察自己的能力圈在哪裡、適合什麼工作，並開始深耕。只有當你做超齡的事情，你

才能比同儕卓越；當你準時，其實你已經遲到了。無論遇到任何挫折，為了提升「逆境力」，要能隨時充實自己，加強學習，補足自己的不足，只要能夠貼近市場與脈動，機會隨時都可能找上門。

邱柏善舉自己為例，現在居家上班有不錯的收入，也經營斜槓，但他與友人依然持續觀望市場上的一切可能，一旦有好的商機就可以隨時卡位。

不妨把逆境想像成爬山，從這一個頂峰攻到另一個頂峰，都必須經歷下坡與上坡的過程；人生的過程也是如此，因此要隨時做好準備，伺機而動。

多數成功者吝於分享，道理很簡單，「有舞台的人不會分享，因為他們正在演出；不要嘗試去問金礦在哪裡挖到，因為不會有礦工願意告訴你。」在歷練過許多不同職涯後，邱柏善希望透過分享如何強化自身能力，讓自己在職涯中成為勝利組；分享如何做好準備，去面對人生不可知的逆境；分享在面臨逆境時，如何應對及度過。」若有機會透過這些分享，幫助他人少走冤枉路，未嘗不是好事一樁，尤其在職場教育及個人投資這兩方面，希望讓大家走得更加順遂。

走出逆境最重要關鍵——自我轉念

而如何幫助自己走出逆境，自我轉念是最重要的開始！

邱柏善回顧自己當上班族時，工作佔滿所有時間，下班後沒有多餘精力可以充實自我，熟悉的領域相對狹窄，因此對同溫層以外的環境非常陌生。在脫離職場後抬頭環顧四周，才發現過去這麼多年中自己曾經錯失許多投資與創業的機會。

「如果能夠提早接觸相關領域，並且多加學習，相信現在的日子可以過得更好更充實，也能帶給家人更好的環境，甚至結交更多的朋友。」因此，邱柏善開始轉念，只要有機會就多參加聚會，藉此認識新朋友，也藉此不斷充實自我，脫離舒適圈。

面對就業市場中遭遇的挫折，邱柏善曾經失意，但不曾喪志；從大公司的營銷主管轉換到觸控筆這個陌生的跑道，他的心境逐漸發生轉變，從排斥懷疑到尋回自信；這是他另一個轉念，「當一個人將自我封閉，機會如何能找到你？」

同時，也勉勵大家，努力做好現有的事情，在過程中必定會有學習，而這些資產無形中都將成為自己未來的助力。如同蘋果創辦人賈柏斯在史丹佛大學的畢業致詞中說的，你無法將未來尚未發生的事串連起來；但回顧過往，你會發現過去曾發生過的事其實是有關連性的（You can't connect the dots looking forward; you can only connect them looking backward）。或許現在還看不出來，但也許在不久的將來，你會發現自己曾經耕耘過的足跡，都對自己未來的發展帶來幫助！

邱柏善小檔案：

千分一智能技術有限公司 業務經理
達立亞有限公司 業務開發顧問
達爾膚生醫 品牌營運總監
克蘭詩 全國業務經理
美商亞培 通路行銷經理
台灣碧然德 通路經理
台灣雀巢 零售經理
寶僑家品 資深客戶經理

12

徐姿榆

翻轉人生的哲理～愛自己

徐姿榆轉念心法：

人生總會經歷不同的身分及階段，保持初心、無所畏懼的「做自己」吧！

即使是在 21 世紀的今天，身為職場女性，依舊常須面對家庭與工作難以兼顧的兩難課題；尤其是對工作充滿熱忱的女性來說，這功課更難。

目前擔任徐姿榆創意企劃工作室創辦人的徐姿榆，在 28 歲就勇敢創業，一路衝破職涯逆境。她的故事，向眾人證明了：女性更要懂得愛自己！當你夠愛自己，則無所不能。

非本科系畢，無法順利進入夢想產業

「關於創業，其實我自己目標滿明確的。」徐姿榆這樣形容自己。她很早就發現自己喜歡擔任活動企劃的角色，大學的

時候在因緣際會下，擔任了班上送舊活動的副總召，當時，在整個活動企劃執行的過程中，讓她獲得滿滿的感動與成就感。

這經驗也讓她回想起，自己小時候最愛拉著弟弟，在爸媽的生日或重要節慶時刻準備小禮物、安排活動慶祝。只要看到對方因為她精心設計的禮物或活動感到驚喜快樂，她就覺得格外開心，「想想，我真的是從小就很重視儀式感呢！」

因此，大學一畢業沒多久，她就決定從家鄉台南北上，來到更加熱鬧、且機會更多的台北，想要尋找活動企劃執行類的工作。當時由於沒有事先討論，母親也不放心女兒隻身北上工作、母女還為此僵持了一段時間，仍然阻擋不了徐姿榆身為家中長女、想要自我證明的決心，在持續堅持努力後，父母也轉變了想法，鼓勵她努力去實踐自己的夢想。

豈料，大學時念華語文學的徐姿榆，很快就發現，若非廣告相關科系背景出身，其實要找到廣告及活動類的工作機會，相當不容易。在台北找工作不順利，眼見自己帶來的生活費正一天一天地流失，「此路不通，換路再走」，她決定先進入過去較熟悉的餐飲業上班。

學生時代就曾在餐飲業打工的徐姿榆說道，「一開始我是到自己相當熟悉的餐飲業作正職人員。那段期間，我很感謝自己不服輸的個性，讓我不只學習了外場接待、內場進貨庫存，同時接觸了銷售面，包含從門市正職到百貨正職都經歷過，這些經歷對於現在的我來說，都是很棒的經驗跟知識。」

但是，徐姿榆也沒忘記自己的夢想，她常常抽空去看展覽、參加活動，保持與廣告產業的接觸。終於，在餐飲業待了兩年後，她獲得機會，成功地踏進了廣告業。

因為進入的是小型廣告公司，在那個階段，老闆剛好想找沒有相關經驗的新人，因此在徐姿榆擔任企劃及活動執行的那段期間，可以說是視野最廣、吸收到最多技能的階段。「從企劃到活動執行、從媒體到行銷、從設計到印刷，還有網路社群小編，幾乎所有你想得到跟廣告相關的工作，我都接觸過！」她開心說道。

也是在這兩年間，她因為工作認識了各領域相當多優秀的朋友。「由於企劃工作是份相對自由的工作，也就是說，只要有台電腦且自己安排好時間，我是可以兼顧生活與喜歡的工作的！」所以，在她結婚搬到桃園、有了孩子以後，就決心離開原本的廣告公司，正式開始創業，也換取較多可陪伴孩子的自由時間。

轉換母親角色，一切從零開始

在創業的初期，其實徐姿榆主要的客源多是原先服務過的客戶，習慣幕後執行的她，突然驚覺自己並沒有開發業務的能力，只能透過客戶的再介紹慢慢累積客源；加上孩子出生後，身為新手媽媽的她，跟所有的媽媽們一樣，可以說是把所有的心力都放在孩子身上，工作量完全降到最低！

孩子出生後約有半年的時間，因為跟嬰兒朝夕相處，徐姿榆發現自己逐漸跟熟悉的產業脫節，畢竟廣告的趨勢是日新月異，很容易追不上產業的變化速度。有一天，她突然感覺到自己變得連過往擅長的溝通能力都遇到障礙，甚至在跟先生說話時，先生有時會覺得聽不懂她的表達。

這樣的發現令她感覺相當不安，開始重新思考如何在家庭與工作中取得平衡，希望能慢慢回歸職場。但女性想二度就業談何容易？徐姿榆選擇先在先生的公司兼職，讓自己慢慢適應職場的節奏，一來可兼顧孩子、還能幫忙支援後勤。雖然事情很多，但是越忙越有勁，不同領域的知識也豐富了生活。

與此同時，她認為自己有必要透過很多的課程進修及學習來調整自己的狀態，因為在公司身為技術核心與創辦人，所以除了參與社團及產業相關的協會、拓展自己的人脈，她也必須更積極地增強自己全方位的技能，包含參加以前令她最感到恐懼的主動開發、上台演說技巧等課程，藉此提升自己的業務開發能力及溝通表達能力。

徐姿榆自稱，雖然兩個孩子還小，但是她與先生都很重視孩子，也不想假手他人照顧。「幸運的是，因為是自己創業，時間相對自由，可以有較多時間陪伴孩子成長；但另一方面我也不想放棄喜歡的工作，忙碌時也是蠟燭兩頭燒。」作為母親，最心疼的事，莫過於聽到孩子一聲：「媽媽你都不陪我！」工作的責任感與家人親情的拉扯，始終是不容易面對！

疫情來襲 ，適當的轉換是為了持續成長

這兩年由於疫情的影響，帶來新的工作挑戰。去年有許多活動因疫情開始延期或暫停，許多活動公司面臨倒閉危機。「窮則變，變則通」，心想坐困愁城不是辦法，徐姿榆開始調整服務的主軸，藉由「品牌建立跟網路行銷」，透過從實體到網路、一連串的整合行銷，來打造自媒體形象，成為客戶品牌及個人的幕後推手，希望創業之路可以走得更長遠。

工作對於徐姿榆來說，更像是不斷「做中學」的過程，「一直以來我非常認同，每個領域都有不同的專業，所以在執行所有專案的過程中，除了將自己的專業能力展現外，我也在學習各個產業的知識，並透過整合企劃的能力，幫助所接觸的客戶曝光。」很多人往往以為，「下廣告就是要花上幾百萬元的預算，才可能有成效！」問題是，不是每一家公司或個人手中都擁有幾百萬元的廣告預算。

因此，徐姿榆抱持不一樣的理念，她的公司客戶以服務中小企業及個人為主。這些客戶的廣告預算或許沒有那麼多，所以錢更要花在刀口上，運用在最有效益的地方，因此她們會站在客戶的角度去評估，哪些服務內容是真正可以帶給客戶實質幫助的。尤其現在是5G自媒體時代，不只是品牌，「個人行銷」也相當地重要！

徐姿榆舉例說明，「相信大家都有這樣的經驗，今天你認識了某個人或是看到某樣產品，你第一件會做的事，是不是拿出手機搜尋他呢？不管是要更認識他或是比價，如果他在網路上有一個平台讓大家看見，是不是會讓你先對他更有興趣一點？再來就是，如果可以從照片、社群中進一步地發現到這個平台是豐富的、可以表現出自己的，那麼你是不是就會更想認識他、對他更有信任感呢？」而這些作為，正是個人品牌行銷的其中一環。

從活動企劃轉型網路行銷，雖然是一種突破性的嘗試，但網路行銷不容易短期見效，收入面也較活動企劃來得慢，「老實說，我們公司也是今年下半年才開始平損；且活動在今年又陸續啟動了，才沒那麼辛苦。」

然而，客戶每一次的肯定與再介紹，對徐姿榆來說就是她在創業過程中最大的成就感來源，「你知道嗎？當客戶對我說『我相信你的專業』，那是多麼充滿能量的一句話！也期許我們在陪伴客戶從零開始經營自己個人或品牌的過程中，一同成長、發光！」

創業必經歷關卡，逐一突破

創業這 5 年來，其實對徐姿榆而言不只是一段無法結束的戰爭，也是一段追求自我成就感的過程，她說，「也許我還有很多需要學習的地方，但我願意不斷地突破，並且無私地帶著夥伴們一起成長。」

去年 4 月，原本在汽車業是超級業務員的先生，因為身體健康的因素，也為了幫徐姿榆分擔照顧孩子的重責，毅然離開原本年薪百萬元的汽車產業，加入了徐姿榆的公司，擔任共同創辦人。

「當時大家都很好奇，為什麼我先生要放棄百萬年薪的工作來跟我一起創業呢？以一個家庭經濟的角度來說，這樣的風險不是很高嗎？」

徐姿榆繼而解釋道，「對，這樣的風險很高，但不是無法克服！而且在我創業的這段期間，他也看到我不斷地在調整、進步，尤其在疫情期間，當大家都在為沒有客人來店而煩惱時，因為我們的經營主力調整放在品牌、社群經營與網路行銷，所以反倒是我們可以提供客戶更多協助，而他也看到了這背後的市場潛力。」

先生轉換跑道的決定雖然果斷、卻非莽撞；然而夫妻一起共事，也有許多待磨合處。

因為先生原本是 top sales，思維偏向業務面，而徐姿榆則多半扮演執行的角色，針對同一件事，倆人的觀點就常截然不同。初期共事，兩天一小吵、三天一大吵是常態。

但他們努力尋求改善之道，例如按照各自的專長作適度的分工，各自尊重彼此負責的領域，衝突就能減少。此外，之前公司只有夫妻倆人，思維不同難免摩擦較多，但兩人都透過進修學習，更了解對方的出發點，也就更容易溝通！在公司加入了新夥伴後，討論事情時就可加入更多的意見作討論，凡事更容易找到折衷之道，夫妻共事起來也更加順暢了。

在過去這一年中，徐姿榆的先生也作了極大的蛻變，從過往在職場上呼風喚雨的「超業」，到自己創業後許多事是「校長兼撞鐘」、須面面兼顧；同時為了支持妻子、讓妻子可以投注更多時間衝刺事業，他也自願扮演起「超級奶爸」及「神隊友」的角色，著實不容易。

創業同時回饋社會，邁向講師之路

創業艱辛，但徐姿榆對未來充滿憧憬。正因為自己當初在求職時受到科系、學歷的限制，如今她無比開心可以擁有新夥伴加入，並抱持著回饋的心情，公司在應徵新人時並沒有以經驗、或是否本科系為優先考量， 是更著重於個人的品性與是否願意學習這兩個因素。

她對於未來生涯的夢想是，打造一個對女性更加友善的職場；透過完整的職場培育，希望自己有更多能力給予年輕人或是二度就業的婦女們成長的機會。

此外，徐姿榆目前也正朝向講師生涯邁進。公司的經營方向不僅止於專業服務，他們目前不只參加了中華網路行銷講師協會，也正在籌備課程，將技術服務轉化成課程平台。

初期課程講師以徐姿榆及她先生為主，前者教授社群行銷、基礎作圖、文案撰寫等；後者教授銷售及業務開發課程，以線上或線下的公開課程為主。而這些課程的共同特色就是：大多以故事、實例切入，並偏重與學員們的互動。

徐姿榆舉去年在高雄針對庇護工場的課程為例，「學員多半是毫無社群行銷經驗的新手，我的課程就是提供很多實用工具，並且手把手地教他們從零開始，寫出第一篇網路 po 文。」

一般坊間課程多是偏重理論、較少實作，而徐姿榆的課程則是在 3 小時至 1 天的課程內偏重實作，淺顯易懂，讓學員一學完就可實際運用，因此學員們的回饋相當正面。

「我們還有品牌健檢的服務，若是已有經營自媒體的，我就提供改進建議；若是完全還沒有經營自媒體的人，我會針對不同產業提供適合他們的媒體或粉專方向建議。」因此，徐姿榆的課程特別適合網路行銷初階者、中小企業及社會新鮮人。

人生沒有「準備好」，重點是你有多渴望

面對生活中的逆境，徐姿榆多半樂觀看待。她說她很喜歡《牧羊少年奇幻之旅》這本書當中的這句話：「當你真心渴望某樣東西時，整個宇宙都會聯合起來幫助你完成。」當初創業時，她也未曾照著「教科書」按部就班、萬事俱備再上；她相信「做一切事不要用我還沒準備好、我沒有資金等想法去侷限自己，更不要用是因為家人而犧牲自己等各種理由去限制自己，因為這些問題全都是可以克服的！重點是你想做什麼？你有多努力去做這件事？你的夢想又是什麼？」

徐姿榆認為，沒有人是一開始就準備好的，而是將目標訂立，然後在過程中調整自己，不斷進步，每一天、每個月都距離自己的目標更近一點！「如果你有夢想，那就去闖吧！沒有開始，你怎麼知道自己的極限在哪裡？沒有踏出那一步，你又怎麼會知道自己將遇到什麼困難？」

與其還未嘗試就預演失敗，徐姿榆在創業過程中得到的體會是，「除了多向成功的人學習請益之外，你更要相信自己有

無限可能，並不斷進步。不管在別人眼裡這條路有多困難、多崎嶇，夢想這條路，只要堅持下去，再辛苦都不累！」

保持樂觀心態，真的很重要；而做自己喜歡的事，也讓你耐受逆境的心理能量大增。徐姿榆回顧過往，是因為在工作中不斷獲得新的能量，支撐她在低谷時可以設法走出，像是當初在廣告公司曾參與聯合婚禮的活動企劃，她與一些新人因此成為朋友，到今日大家還持續有聯絡。

還有，她曾在馬祖東引島舉辦體驗營，個性活躍的她，在島上停駐大約兩週，幾乎把全島的人都認識了。「那一次在東引辦營隊，為了達到主辦單位要求的參與人數 KPI，我每天加班，到活動報名截止前一天晚上還獨自加班到深夜 12 點，深怕人數不如預期！」辦活動的壓力令她記憶猶新。

那時候的她，當然也曾感到內心不平：「為何要獨自承擔這麼大的活動壓力？」但是當活動順利展開，外來人潮也為當地帶來熱騰騰的消費買氣，客戶及參與者笑逐顏開，「當下我覺得所有的壓力及辛苦都是值得的！而且，任何事都必能找到解決的方法。」

此外，懂得適時求救也是重要的。「就像有些事家人之間未必觀念都一樣，但無論如何，家人永遠在背後支持著我，在我們遇到困難時拉我們一把。」

無論是扮演太太、媽媽或創業者，徐姿榆偶爾也會讓自己放個假，例如放空一天，追劇、運動，讓緊繃疲累的自己再度「恢復彈性」、充電飽滿。

她更想特別提醒身為女性的讀者，愛先生、愛孩子都很棒，但是在愛別人之前，要先學會愛自己。幸福的人生不一定要靠「犧牲自我」來獲得，只要妳「夠想要」、敢夢想，總能找到既實現自我、同時圓滿人生的方法！

徐姿榆小檔案：

媽媽斜槓創業家
艾樂廣告　企劃總監
徐姿榆創意企劃工作室　負責人
中華網路行銷講師協會　網路行銷講師
天使斜槓聯盟　核心講師

追求平衡的天秤座，堅持跳脱傳統思維，
認為不管身處於任何身份都該保有自我和初衷，
從全職媽媽走到創業人生～
每一步都需要更多努力、更多的堅持，
我始終相信，
「當你真心渴望某樣東西時，整個宇宙都會聯合起來幫助你完成。」

13

陳宜貞

我的字典裡沒有放棄，只有再堅持一下

陳宜貞轉念心法：

真正的困境不在於環境，而在於心境；而斜槓是一種生活態度，是成全我們追求豐富的人生和完整的自己。

大家稱她「艾琳姐」的陳宜貞（Erin），擁有英國 MBA 畢業的傲人學歷，以及 20 年的業務開發經驗、10 年以上國內外業務主管的經歷，她經手的專案管理不下百件，目前則任職於上市科技公司擔任專案管理師，堪稱職場「勝利組」。

擁有這些職場成績，並未令陳宜貞感到滿足，她仍然積極於發展自己的「斜槓生涯」，不但經營自媒體作家的角色，同時擔任勵活課程設計中心特約講師及 1766 網路廣播節目主持人，將自己的才華朝向多元發展，活出更繽紛多彩的人生。

但是談到「逆境力」，陳宜貞自嘲，「我完全就是逆境的代表啊！我的人生可以說是一本逆境的 Openbook ！」但她始終

相信，逆境只是一時的，不要害怕，相信「車到山前必有路」；關鍵是用什麼心態走好眼前的路，只要堅持下去，終必有出路。陳宜貞甚至引用了孔夫子的名言，翻成白話文就是：「我們最大的榮耀不是從不跌倒， 而是每次跌倒都還能爬起來。」

如果要為陳宜貞下註解，就是「她的字典裡沒有『放棄』，只有『再堅持一下』」！以下是她從不言放棄的生涯故事。

前進夢想，終能出國留學

陳宜貞從小的夢想就是出國念書，但是因為家境並不富裕，專科時期因為打工、一度英文死當，她也就只能把這個想法深深埋藏在心底。

出了社會之後，陳宜貞進入貿易公司工作，同時努力學習英文，積極參與各種英語訓練課程及活動，結交各國的朋友，練習口語精進英文能力。多年後，她受到當時老闆及外籍老師的鼓勵，選擇去英國留學，一償宿願。

當時希望自己能就讀教育學碩士，但學校要求 ITES 的分數比較嚴格（7~8 分），但陳宜貞只有 6 分；她不死心，努力尋找學校就讀，那時候她告訴自己：「不管如何，我一定要拿到學歷才可以歸國。」

多次嘗試，不斷碰壁。陳宜貞最後來到赫爾大學就讀企業管理碩士，「當時教務主任見我只有專科學歷，直接拒絕；不服氣的我，自己再去約教授訪談，說明我的決心。」第二次面試時，教授讓其他老師同時面試陳宜貞，最後終於答應。

如今回想，陳宜貞記憶猶新，當時學校課程已進行過兩次了，教授再三詢問道，她已經 skip 2 堂課了，是否能自己補回來？她當著教授及其他老師面前大聲保證，「我絕對有能力、有信心可以做到！」最後，她也真的以優異成績畢業。

事後回想，「其實我也不是真的有把握啦，但就是不甘心放棄！」她笑稱。

是在這樣繞了一大圈後終於完成求學夢的周折歷程中，讓陳宜貞體會到：真正的困境不在於環境，而在於心境；心境決定一切，唯有在逆境中尋找契機，堅持不放棄，才有突破的可能。

海外工作大不易，以能力服人

陳宜貞英國畢業之後的第一份工作，是在中國大陸東莞一個非常偏僻的東坑鎮，人生地不熟。當時她的職務是總經理特助，但是因為年紀輕加上身材嬌小，工廠的長官對她頗有些意見，不願意配合。

她還記得，新工作的前一個月極度不適應，幾乎天天打電話回家哭訴，但母親跟她說：「這是妳自己選擇的路，妳要堅持走下去。」後來，陳宜貞選擇了面對，接受挑戰，她主動一一找各部門主管訪談，尤其是對她最有意見的長官，加強溝通；最後，這位長官反而是幫助她最多的。

之後，有業務背景的陳宜貞，被總經理任命暫代業務主管的缺。她還記得，初始團隊中的成員對她充滿敵意，認為她是「空降」，所以處處跟她作對。但是她沒有斥責，也沒有生氣，「永遠記得以前老闆跟我說過的一句話：『態度溫和，立場堅定」，部屬該做的事還是要要求，不能因軟弱、怕得罪人而縱容屬下。」

想要打造自己的團隊，就必須以能力服人。後來，因為陳宜貞幫某位部屬解決他無法解決的事情，部屬們對她漸漸服氣，大家發現眼前這位「小辣椒」主管確實有能耐；而那位最反對她的部屬，之後成為她團隊中最棒的業務。 2 年後，陳宜貞也從總經理特助正式轉任業務經理。

從無到有開拓新戰場，應對挑戰靠 AQ

3 年後，陳宜貞離開了東莞。美國分公司的總經理頗為賞識她，介紹她到廈門一家傳產公司，讓陳宜貞為這家公司設立國外業務部門；從企業形象到產品目錄、到國外辦展，她一手包辦，歷經半年之後，終於獲得第一筆訂單成交。

陳宜貞還記得，當時自己孤身跑到很偏僻的地區拜訪客戶，讓客戶嚇了一跳，因為連他們自己都不敢搭公交車，她一個弱女子卻自己獨自過來拜訪；訪談結束後，客戶趕緊幫忙叫一輛公司車載她去機場。

當時，因為客戶深刻感受到陳宜貞的誠意，願意給她機會開始送樣；果然 2 年之後，公司的國外業務部門漸漸步上軌道，能夠自給自足。

雖然陳宜貞對外的業務強悍積極，但作為一名戰將，內部的團隊管理仍然是重要的功課及挑戰。她慨歎，「我招募的員工，一開始都非常勤奮也很認真，可是到最後卻失職，讓我大失所望；在不得已的情況下，我只能從頭來過，一個人重新再招募團隊。」

幸而，後來她招募進來的員工非常認真負責， 甚至到現在彼此都還有聯繫。最後因為陳宜貞想回台灣，便把當時的業務轉給一家貿易商了。

過往，想要在職場上追求卓越，強調IQ（智商）及EQ（情商）；但如今面對瞬息萬變的社會，IQ（智商）及EQ（情商）的高低已經不能決定一個人是否能成功，更大的關鍵往往是取決於一個人的AQ（Adversity Quotient，逆境商數），也就是個人應對逆境的能力。 而如何提升個人的逆境商數？陳宜貞在此分享了**LEAD心法**，提供給大家參考：

L—Listen：傾聽自已處身逆境中內心的聲音；

E—Explore：探究自己對逆境結果的擔當；

A—Analysis：分析當前應對逆境的可行方法；

D—Do：執行，給自己一個期限去完成目標並立即執行。

「逆境本身並不可怕，但選擇如何面對逆境，卻決定了一個人的人生。」陳宜貞強調。

從名醫判無法生育到喜獲龍鳳胎

如同許多職場女性一樣，若想要工作與家庭兼顧，陳宜貞須付出加倍的努力與代價。

回到台灣後，她認識了現在的先生並結婚。婚後，倆人希望有小孩，但之前她子宮開過刀、受過傷，身體較虛弱，因未能懷孕，當時的她走遍各大醫院診所， 也做過人工受孕，都宣告失敗。

直到她去台大醫院作檢查，台大名醫直接判定陳宜貞無法生育。「當下我只覺得眼前一片黑，世界崩塌，腦筋完全空白。」回魂後， 陳宜貞不肯放棄，雖然也嘗試試管，她開始信奉基督教，從信仰中獲取內心穩定的力量；中醫、西醫雙管齊下，每週針灸，每天跑步，開始密集的備孕。

後來，再檢查發現是因為輸卵管阻塞，她再次開刀，又因自身免疫問題，在試管期間，血管栓塞採用注射低分子量肝素，執行中、西醫治療再加上每天運動，最後一舉成功，喜獲龍鳳胎！

那時作試管已作到身心疲憊不堪，聽到這消息的當下，陳宜貞內心的感動真的難以言喻。她記得，懷孕 3 個月後倆夫妻自超音波聽到孩子強而有力的心跳聲，瞬間激動無比！那時恰好是年末 12 月 31 日，戶外許多民眾正燃放鞭炮慶祝新年，「當下我的心也在放鞭炮！」

一路安胎到早產，全賴意志支撐

即使好不容易懷上龍鳳胎，但陳宜貞脆弱的子宮，坦白說並無法承受兩個受精卵，備孕加上懷孕期間注射了上百支肝素，且必須一路安胎，戰戰兢兢的應付各種可能的突發狀況

懷孕剛開始的前 2 個月，子宮大出血，她開始在家安胎，兩週看 3 間醫院，絲毫不敢鬆懈；6 個月大時，子宮突然又大出血，危急之下，她坐上了人生中第一次的救護車，之後就躺在台大醫院的病床上，不能下床，持續的安胎。

但在 7 個半月、孕期 29 週的第六天，因為感染，姐姐安安的心跳到達 195 下／分鐘，必須馬上開刀。「 還記得我當時哭著說不要開刀，因為孩子他們還太小了。」最後情況危急，只能馬上進行全身麻醉、剖腹生產，讓陳宜貞差點沒嚇暈過去。

開完刀、麻藥退了之後，陳宜貞睜開眼睛第一句話就是問：「他們還好嗎？」 是她先生說「都很好」，她才放心的睡著。殊不知弟弟平平因為麻醉藥的關係，出生的時候完全昏睡，全身呈現黑褐色，令人心疼。

隔天，還沒滿 24 小時， 陳宜貞就想爬起身去看睡在保溫箱裡的孩子；因為一個月沒下床，加上剛剖腹完、根本還不能走路，

家人抱著她坐上輪椅，一路推著她去看因為早產、身體極度孱弱的孩子。眼見孩子們身上插滿管子，小嘴上也掛著呼吸器，再也顧不了自己仍然虛弱，陳宜貞難過到失聲痛哭；之後抹去眼淚，馬上開始擠奶的工作，因為護士說母奶是最營養的。

無暇擔憂感傷， 因為兩個寶貝都還在保溫箱中，陳宜貞索性退掉月子中心，先生上班，只能自己幾乎天天跑醫院送母奶；一心希望姊弟倆從此平平安安， 於是為孩子們取名為仁平、仁安，只求兩個人都能平平安安的長大。因為這一切，著實得來太不容易！

從名醫判定無法生育，到喜獲龍鳳胎 ，再一路安胎到早產剖腹，陳宜貞歷經千辛萬苦，終日提心吊膽，才能成為一位母親；她發現，這世上比逆境更強大的，是人的意志。

婦女二度就業，一切從頭開始

因為兩個早產兒的育養不敢假手他人，陳宜貞心想，再怎麼辛苦都要陪伴年幼的他們；因此，一直到平平、安安三歲後，她才開始思考二度就業，重新回歸就業市場。

但，台灣就業市場對於二度就業婦女並不友善。重回職場的陳宜貞，即使過往在職場上有過豐功偉績，如今有了家庭及孩子以後，洽談工作時，最常被問到的問題，不外乎：「那妳可以因應業務需求加班嗎？」「妳可以配合常出差嗎？」「妳會喝酒嗎？」「妳可以應酬嗎？」……

深感工作與家庭難以兼顧，為了家庭，陳宜貞體認到，「之前擔任業務主管的光環，必須全部打掉重練， 我只能先從基層業務做起。」幸而因為自身的條件及能力還未荒廢，她順利進入一家上市科技公司擔任國際知名品牌的 key account，兩年後爬升至專案管理師。

但也正因為體認到生涯的變數無所不在，燃起了陳宜貞的危機意識，「我不能自限於單一的領域及角色，還是要適時發展其他專長及斜槓生涯，未來才不至於只有一條路可以走。」

發展斜槓人生，借力使力不費力

由於陳宜貞的文筆不弱，她開始嘗試 Potato 寫作。「Potato Media」是目前全球最大區塊鏈 Web3.0 共享社群平台，所有人在平台內透過文章按讚、文章留言、發表文章被按讚與留言，獲得積分，積分再由平台分配兌換 CFO 虛擬幣給你，等累積到一定程度，就可以把它賣掉換成 USDT，最後換成台幣。 簡言之，它是一個靠寫作、分享賺錢的平台，適合讓新手作家初試啼聲。

此外，陳宜貞也在因緣際會下受邀出書，分享生活閱歷，晉身作家行列;同時積極的進修，擔任特約講師及公益講座講師;她也成功的與網路電台洽談主播工作，有計畫的打造個人 IP 及個人品牌。

她說，「 誰都有夢想，但是把夢想變成現實並不容易，需要以下 3 點：1. 靠自己的努力；2. 靠朋友幫助；3. 要讓社會大眾需要你。」經歷過職場的歷鍊，陳宜貞深知，凡事光靠個人努力是不夠的，一定要運用外部資源，並且掌握社會的脈動與市場的趨勢。

她並引用某人說過的一句話，「沒有人富有到可以不需要別人的幫助，也沒有人窮到不能在某方面給他人幫助。」無論是發展事業或戰勝逆境，也都是如此，若能站在靠自己努力的基礎上找到合作對象，彼此借力使力更輕鬆，並善於利用外在環境，將更有助於發展自己的斜槓人生、或突破困境。

當然，一旦踏出生涯舒適圈，每個人都難免害怕不安。「**但征服畏懼、建立自信最快、最確實的方法，就是去做你害怕的事，直到你獲得成功的經驗。**」陳宜貞說道。

陳宜貞舉了一個滿有趣的例子來說明：從小她就有懼高症，連走天橋都怕得不得了，要有人陪伴才敢走；當年為了克服自己心中的恐懼，「有一次我逼自己去嘗試高空彈跳，在桃園縣復興鄉大漢橋，橋下溪谷深 72 公尺，約 24 層樓的高度。當教練告訴我可以跳了，我記得自己的腳完全不聽使喚，抖到無法動彈，當然沒辦法往前跳，一旁的老外一直鼓勵我 Go!Go!Go! 最後還是被教練硬把我推下去⋯⋯」這一招，果真「狠」厲害！

逆境可以堅定決心，失敗可以化為轉機

當人生路走得越加圓融成熟，陳宜貞看待生命逆境的心態，還是回歸自我。她說，「其實逆境或順境，關鍵在於你看事情的角度。」悲觀的人，會把逆境當成人生最大的挫敗，好像再多努力也無法改變；但樂觀的人則會把逆境當作是另外一個機會的開始，並且更樂於彈性思考，會嘗試各種不同的方法去克

服問題。

看盡古今中外的名人，他們對失敗或許有不同的定義，但相同的是，他們都用韌性面對逆境。

陳宜貞舉多位名人故事為例，像是美國脫口秀主持人歐普拉（Oprah Winfrey）於 2013 年在哈佛大學畢業典禮演講中所說的，「沒有失敗這回事，失敗只是試圖讓我們改變人生的方向。」

特斯拉的 CEO 馬斯克（Elon Musk）則經過五次嘗試，才使一枚發射的火箭安全返回地球，他在 2015 年表示：「**如果事情沒有失敗，那就是創新不足。**」

科學家愛迪生（Thomas Edison ）在研究如何改進電話發話機時也說過：「負面結果正是我想要的，對我來說，它們和正面的結果一樣寶貴。」

亞馬遜創始人貝佐斯（Jeff Bezos）鼓勵公司勇於接受失敗，他在 2019 年寫給股東們的信中說道：「即便偶爾有數十億美元的失敗，亞馬遜將以適合公司規模的方式進行試驗。」

陳宜貞並分享來自孫子兵法克服逆境的「3C 」戰略：應對「變」，只有「變」。

第 1 個 C—Challenge，接受挑戰；

第 2 個 C—Change，積極應變；

第 3 個 C—Chance，才會有機會翻轉逆境，讓自己成功逆轉勝。

懷抱「3C」心法，當逆境來襲時，別人看到壓力，而你看到的卻是機會。

最後她勉勵大家，想要成功，就必須各自發展出一套適合自己的「逆境求生術」；誰能扭轉逆境，誰就有機會享受成功的果實！

陳宜貞小檔案：

上市科技公司　專案管理師
英國赫爾大學企業管理碩士（MBA）
1766 網路廣播　節目主持人
勵活課程設計中心 特約講師
天使斜槓聯盟　講師
自媒體作家

14

陳柔之

你覺得不是「逆境」，它就不是逆境

陳柔之轉念心法：

好好傾聽是理解的開始，願意對話是積極的態度。

在半導體產業整整待了16年，工作穩定；這樣的職涯發展，在一般人眼中應該算是相當理想的工作。然而，傾聽陳柔之的生涯故事，你可能會感覺相當心有戚戚焉；因為她一路走來經歷的徬徨與迷惑，應該正是時下許多職場工作者共同擁有的心情與心聲！

陳柔之沒有傲人的學歷，念完國中後，考上高職的夜間部。「既然是念夜間部，所以從高一開始，我整個高職四年都是靠半工半讀來支付自己的學費及生活費用，沒有拿過家裡的錢。」。當時既無學歷、又無專長，實在難有好的工作機會，因此打工成了唯一選擇。

高職最後一年，陳柔之從學校的徵才佈告欄上找到應徵機會，順利進入一家私人貿易公司擔任小助理；即使領的是最低的底薪，做的也是一般打雜的工作，她卻開心得不得了，「至少這份工讀機會，領的是固定月薪。」

可能是讀書欠缺天分，也不是很能定下心來讀書，高職四年之中，重修、被當是常態；她幾乎沒有寒暑假，因為都用來重修學分了。也因此，被迫延畢一年，才終於領到畢業證書。

初入職場失方向，一路摸索徬徨

讀書不是強項，陳柔之決心放棄升學，直接正式就職成為社會新鮮人。在這家私人貿易公司，有許多國外客戶，平時的工作也很單純，負責幫老闆打資料、準備發票；幸運的是，見到陳柔之還如此年輕，老闆也鼓勵她在工作之餘，多多自修讀書，「結果我高四的上學期，是整個高職生涯第一次 all pass 呢！哈哈！」這樣的改變讓她知道，只要願意努力，困難還是可以被克服的。

貿易公司她沒有一直待下去，畢竟這家公司的待遇偏低。陳柔之轉去安親班擔任櫃檯人員。安親班的工作時間大約是自中午到晚上，接著晚上再去 KTV 兼差，值大夜班，努力賺錢。

對於當時的她來說，工作能力還無法看見未來的發展，努力賺錢留在身邊才能真正安心。

但因為日夜的工作，每日睡眠嚴重不足；沒多久，陳柔之撐不下去了，考慮再三之後，決定選擇收入較高的 KTV，轉為全職工作，並辭去安親班工作，才讓已經產生警訊的身體逐漸康復。「用生命賺錢，真不值得。」她笑說。

服務業的工作轉來轉去，令陳柔之越加感到徬徨，沒有一份安定感。當時在報紙上，她看到有公司徵求美容助理，心想若能學到一技之長，對未來找工作會比較理想，沒有想太多就去應徵了。

誰料，這份工作本身就很像是個求職陷阱！陳柔之在這家公司耗了將近半年，公司確實有派老師教授做臉、燙睫毛……這些美容技能，不過工作零收入，同時還得自掏腰包購買一大堆美容產品。後來陳柔之確定不投入更多朝向門市發展，因此這半年算是虛耗了。但人生不是學到就是得到，「雖然沒得到收入，但至少學會了對未來找工作時更加小心謹慎。」她苦笑著說。

茫然失措的她，只能再次轉回服務業。但秉持著找尋可信任的公司，這次職場領域是進入三商巧福體系擔任儲備幹部，再經過台北總公司三個月的密集培訓，順利升任店長。這次的求職順利，讓她燃起希望，對未來似乎不在那麼不安。

工作認真細心的陳柔之，工作總能勝任愉快，可是一種世代現象讓這一切開始變質；「現在的年輕工讀生實在是太難找、也太難教了！」她不禁抱怨，更年輕的一輩不喜歡服務業的基層工作，教又教不會、叫也叫不動！由於長期的缺工問題，身為店長常常是「校長兼撞鐘」，即使是休假，她也得去幫忙顧店、或 cover 因人力短缺而沒人做的工作，勞力付出與及責任承擔，與實際收入不成正比，更別說失去的還有最基本的休假與生活的品質。

努力了近兩年，現實的一面還是擊潰了陳柔之，健康因素迫使她必須再次離職。她很無奈的說那時正值畢業季，她又得與一群社會新鮮人爭奪大多數人可能都會認同的理想工作職缺。

再度陷入徬徨之際，當時的男友建議說，她的個性適合比較一板一眼的職務；幾經思考，開始找尋比較依循作業流程的工作。男友的建議給了方向開啟職場新一章，但也因這位當時生命中重要的人，進入了另外一個被「未來」粉飾太平的泥淖。

在兩性關係中，要審慎處理金錢問題

因為性格單純、不擅於拒絕，在 20 幾歲的年紀時，陳柔之也曾在情感的路上跌過跤、學到教訓。

男友原本在眼鏡行工作，不知為何，突然萌生自己開店創業的念頭；但是事實上當時他手中並無資金，而且他沒有考慮自己向銀行借貸，而是借用女友、也就是陳柔之的名義向銀行借貸。「或許是他當時信用欠佳，或許是覺得用我的名義可以貸到比較多的錢，總之當時我沒有想得那麼多，雖然非常痛恨欠債，但那時我們感情還不錯，我實在不知道可以如何拒絕他的要求……」

就是因為「不好意思拒絕」，用陳柔之名義借貸的事情通過了，甚至新公司負責人也是她，成了公司的「老闆娘」。「當時我也覺得這樣做不妥，但又覺得彼此既然是以結婚為前提交往，應該共同努力……」。

然而，新店一開張，進貨、囤貨成本不低，加上男友本身沒有太多積極的行銷作為，生意毫無起色；面對每個月要付的貸款，起初還能付得起，到後面越來越吃力，陳柔之不能寄望男友，只好開始自己還債。

這樣的情況下，兩個人的感情很難甜蜜，陳柔之難免越想越多，覺得對方不夠努力、沒有積極開發客源、維持顧客關係，也不曾跟她討論對策，加上同時覺得自己莫名其妙背債，很是委屈。慢慢的，兩人生活漸行漸遠，溝通日減。但真要分手，她又遲疑，畢竟兩人之間還有金錢債務關係，若輕言分手，接下來的債務就得由她一人扛了。

這樣苦撐了一陣子，陳柔之再也受不了了，終於狠下心找朋友幫忙，要撤銷男友眼鏡行的營業登記。終於，她把店收了，能賣的機器賣一賣；情感破裂，店面收掉，自己扛債。現在她獲得一個很重要的心得，「感情無法成為借貸關係中的擔保品，只可能成為即期品，讓關係不知不覺中腐壞變質。」

「幸好，那時的我跟銀行借不到太多的錢！」陳柔之苦笑。

當時大約25歲的她開始每月償債；後來這件事驚動了家人，父母念歸念，還是提供了協助；但仍然花了將近三年時光，陳柔之才逐步清償，解除了自己的負債。

從此之後，陳柔之學會了，在兩性關係中，談到金錢時真的要審慎，凡事量力而為，不要「不好意思」、害怕拒絕。「我以前是那種對方不主動溝通，我也會逃避溝通的人，但是這樣對於人際關係真的不好，慢慢的也會耗盡彼此的情感。」

屢次申請調職未成，醞釀情緒風暴

或許是大公司徵用人員有分梯次，陳柔之應徵台塑集團旗下的科技公司後等了一個半月才被通知報到，過程中也幾經波折，輾轉不安。也是在這家公司，遭遇了難忘的「職場逆境」。

她的工作是擔任助理技術員，操作電腦。這種線上顧機台的工作，不需要太多經驗或專業知識；做二休二，幾個月輪日班、幾個月輪夜班，極度的規律及制式化。「剛進公司時，我心想，我絕對不可能一輩子待在這裡的！」，深怕這份工作會讓她與社會脫節，陳柔之認為自己應該不會待太久。

誰知道，這份工作她投入了整整 16 年，直到此刻。「我心想，這份工作等於是上班半個月、休息半個月，感覺還不錯；以我沒有特殊的學歷跟專長，回頭可能又是進入服務業，服務業每個月休假最多 8 天，然後收入也不會比現在這份工作高……」幾番思量、權衡得失，陳柔之就一路待了下來。

在陳柔之所待的這個單位，也不是沒有升遷機會，但是「一個蘿蔔一個坑」，一切需等待機緣成熟。就在近幾年，陳柔之有了想轉調其他單位的念頭，「我想嘗試不同領域的作業方式，雖然仍是操作電腦，但是不必顧機台，有機會學習到新的專業技能，這樣才有機會成為可靠、可以被信任的人。」

不過事與願違，她三番兩次提出申請都未獲准，小主管堅持不放人，大領導也不肯放手。畢竟她多年來在這份職務上早已駕輕就熟，主管們都不希望她有所異動，影響單位既有的產能。眾多職場波折，讓她心情格外難受。

加上有些主管也許情緒管理欠佳，對待工作夥伴常無意間就大小聲起來，這樣的粗暴常令她感覺很受傷。「那段心處逆境的時期，會感覺主管對待每個人並不公平，好像對我說話的口氣特別嚴苛、特別兇、也特別沒耐性。這種感覺揮之不去，覺得自己真的很委屈；有時會想，我也是人生父母養的，為什麼要受這種氣。」這種不舒服的感覺逐漸在內心蔓延、也漸漸加重；有時越想越委屈、越想越負面，一個不留意，淚水就簌簌流了下來。

偏偏她又是那種「凡事悶在心裡、不輕易說出口」的性格，即使內心已萌生極端陰暗的一些想法，也無處傾訴；幸好當時有個與她年紀比較接近的主管，偶爾可以傾聽、分享她的心情；

另外也因為偶爾在臉書抒發一點情緒，敏感的大姊立刻告訴母親，驚動了母親一起來關心她的狀況，才讓心裡的陰鬱有些排解。

當時，小主管也曾找她約談，向她分析調職的利弊得失，當然主要是想說服她，「轉過去不會比較好」。望著主管的臉，感覺真的有苦說不出，因為總不能直說，想調職的原因很大的因素也是因為這位主管！「牛角尖」既然已經鑽進去了，當下無論主管說什麼，其實陳柔之完全聽不進去，而是單純的感覺，「你說的一切，只是為了把我留下來的藉口，說穿了都是在呼嚨我吧。」

對於上班族，職場就是最佳修行道場

不過，這次的約談仍是具有「溝通」意義的。當時面對小主管的關切，陳柔之有嘗試向主管反映，覺得自己感受到不平等的對待；雖然當時主管完全不承認有這樣的狀況，沒有非常正面的處理這件事情，但對於她來說，「至少當下我有把這樣的感受說出來了，覺得似乎卸下了心上的一塊大石頭」，讓她內心感覺輕鬆不少。也在這時候，感受到「願意對話」的重要性，就像把石頭投入湖中，可以換來一些漣漪。

因為這樣的感受，陳柔之也嘗試主動出擊。公司有設置讓員工反映或提出想法的意見信箱，她就投書向高層提出她的困境。或許是投書的內容讓人感覺事態嚴重，立刻驚動了高層，馬上派部門長官與她面談。

面談後得到兩個承諾，一來可以轉調，但前提是先考慮一段時間再決定；二來是承諾此事不會讓她的直屬主管知道，大家仍在同一個職場做事，人情需要留一線。

但是在職場，這樣的越級報告要讓主管不知情，談何容易？果然後來曝光了。這點讓性格單純的陳柔之相當難受，並且對公司感到些許失望。

幾個月後，當公司再詢問她是否想轉調時，陳柔之有些賭氣的表示，「我不想轉調了。」為此，公司並要求她寫下切結書，請她報告為何她又決定不調了，同時請她保證，以後也不會再申請調職。

「當然，除了有點賭氣，我也有經過理性分析：新單位的工作挑戰性很高，出錯率相對也高，以這次轉調的狀況來說，我的效率很可能會再被放大檢視；雖然在新單位升遷的機會比較多，但那裡高手如雲，我若調過去一切得從零開始，很有可能境遇會更難受……。」

身處情緒低谷，一定要自我調適走出來

「調職風波」至此宣告落幕，此後她的直屬主管改善了態度，她也選擇了更認真安分的顧好自己的工作崗位；過程中，她也獲得一些領悟及學習。

首先，勇於溝通是有必要的。陳柔之承認，當她向主管表達了心裡的感受時，雖然當下未必能得到回應，但這樣已經達到某種程度的療癒作用。所謂「解鈴還須繫鈴人」，找到問題的根源去嘗試解決，雖然在表達的當下情緒激動，但願意說出來，絕對比自己一個人埋頭生悶氣健康多了。

另外，每個人都有可能陷入情緒低谷。像那時她曾在臉書書寫了一些心情，甚至是某種極端負面、近似於「活不下去了」這類的訊息，卻有友人用開玩笑的口吻逗她，讓她覺得更加難受。

「你覺得我這樣像在開玩笑嗎？」

「還是你覺得這樣很好笑呢？」

此後，當遇到他人的情緒低潮時，陳柔之學會了更加以同理的角度看待，不亂開玩笑，也避免因自己的無心造成對他人的傷害。

同時，自我心態的調整極為重要。幸好陳柔之休假時總愛按摩及運動，無形中釋放了不少壓力，不僅讓她在每日機械式動作、分秒不容錯的高壓工作環境下安然度過，也在她身處情緒爆發的狀況時宣洩出來，不至於真的走進死巷子。

如今回頭看那段時日，「我覺得自己太傻了，其實凡事不必那麼極端。」她原本是職場抗壓力及 EQ 都不低的人，只能說，每個人往往都有自己過不去的點，一旦踏過去，或許便能過雨過天晴。

走出陰霾，積極發展多元斜槓生涯

雖然曾被職場的調職事件搞得心亂如麻，最後選擇了安分工作，但她也學會更重視自己，工作之外，開啟了新的「斜槓」生涯。

陳柔之很親密的姊姊一直積極向她推薦一位教理財的陳詩元老師。原本毫無興趣，畢竟過去也曾花了大錢去報名過英文或增強記憶力的課程，但總是沒有後續，花錢又浪費時間。不過這次不同，當參與陳詩元老師一天的課程下來，決定更積極的參與。

「我覺得重點是，陳詩元老師自己的實踐力非常強，而且為了怕我們上完課又不了了之，他會在 LINE 群組上每天不斷的鼓勵我們勇於實踐、踏出第一步。」。像是教她嘗試每天寫文章，不必求寫得多好、多少字，重點是持續做，變成一種習慣。為了讓學員們堅持固定的產出文字，陳老師甚至以舉辦比賽的方式，讓大家更有動力。

之後，透過兩天更進階的課程，陳柔之發現老師這邊有許多可投資的項目，也有斜槓生涯的多元規劃，比如出版書籍成為作者，令她非常驚喜！

「我發現自己渴望改變，陳老師真的啟發了我！」陳老師有句話讓她格外有感：「我們未必要等到成功了的那一天，才能出書；相反的，先得要跨出那一步，才可能有進步，未來也才更有機會成功。不是很厲害才開始，而是開始了才有可能厲害！」這番話徹徹底底打動她了，下定決心勇敢的踏出去，參與了出書、投資及理財的專案，為自己的生涯開拓更多可能性。

過程中，她也目睹有一些成就卓然的人，不論是出書或投資，為了各種理由猶豫不決，「結果等到後來決定參加時，卻已錯失了名額或最佳時間。這更讓我領悟，機會出現必須立刻把握，不然好的成果永遠輪不到自己！」

談到人生逆境，陳柔之總覺得自己的生活平淡無奇；但或許正是因為看待世事「大而化之」的心態，大多數困境其實已經不足為道。所謂「**境隨心轉**」，陳柔之勇敢做自己、淡定看人生，又何嘗不是一種幸福呢？

陳柔之小檔案：

電子技術操作 16 年資歷
國家美睫證照認證通過
國家保險證照認證通過
曾任連鎖企業三商巧福分店長

15

温盛豪

面對自我，不要害怕負面情緒

温盛豪轉念心法：

AI 世代演變劇烈，未來難以預測，成功難以界定，因此定義成功前，先定義自己更為重要 !!

AI 的發展是無限制的，有著無盡的可能，去突破一切人類社會的認知，於是在 AI 產業界中有一句名言：

「We live in a crazy world! We cannot predict the future! Define yourself, and do your best!」

現實的人生也是如此，我們活在一個瘋狂的年代，無法預料我們的未來，但我們可以知道自己的定位，並努力成就自己。

這正是温盛豪（暱稱生蠔）的核心理念，他來自傳統的客家家庭，自清華大學動力機械系畢業，多次參與機器人競賽，而後設計出結合程式與動力的教具，更開創了顛覆傳統的基礎數理教育課程，是年輕一代頗受矚目的教育事業經營者。

年少開始體會獨立自主的重要

客家族群的特性，就是家族成員間的傳承與羈絆。温盛豪的祖父是很成功的農家子弟，他還記得，家裡有田產，有自己的菸樓，算是當地的有錢人；他的父母則在成家後搬到都市生活。

在温盛豪念高中時，退休後的祖父因為理財上的疏失，欠了很多錢，導致家裡要幫忙清還債務；這段時間，家中承受了極大的壓力，甚至父母親還為此發生過激烈的爭執。

温盛豪的母親是全職的家庭主婦，家中只有父親在賺錢；遇到這些經濟問題，母親承受了格外沉重的壓力，更加強了她「獨立自主」的教育要求；温盛豪從母親所得到的激勵，就是「獨立生活的自主與決心」。

他學習到，獨立不代表孤單，而是對人生的一種負責，收入要獨立自主，至少要能收支平衡，不能入不敷出；人不一定要求大富大貴，而是在有限的收入下做好財務規畫，進而求取更大的發展。

那時，温盛豪的哥哥還在讀大學，他們都還沒有經濟獨立的能力，但彼此鼓勵，盡力讓自己學到自主解決問題的能力！

並想辦法透過自己的力量去感染或改變外部的人、事、物，而不是一開始就期待外來的幫助；他們也立下決心，希望將來能透過自己的努力，讓父母親有機會過更好的生活。

人生就是面臨一連串的抉擇

溫盛豪的成績一直很好，由於台灣半導體與科技產業為重要發展，父母也希望可以往未來的趨勢做準備，於是他依照父母的建議，選讀了清大動力機械系，這是他另一個學習與成長的重要階段。動力機械系的課程很專業，課業頗重，他說，在他大二的時候，居然有將近一半的同學轉學或轉系⋯⋯

他覺得這些同學超猛的，因為科目很難，有些同學預期未來會被淘汰，與其被二一退學，還不如提早選擇離開。

還有些同學，則是發現動機系跟自己的興趣或志向不合，而選擇追求自己想要的未來，甚至有些同學從工科的動機系轉到商科的經濟系，這幾乎是把過去求學生涯中的堅持推翻，展開陌生的學習與建立新的人生目標。

而在另一方面，賺錢對溫盛豪來說是件極其重要的事。因為在新竹念書，除了學費，他還有住宿費、生活費等等的支出；

為了盡可能的減輕家裡負擔，他從大一就開始當家教，幾乎週一到週日排滿。

但是跟幾乎所有的大學生一樣，由於國中與高中時期是在不斷的考試與競爭中度過，他到了大學就開始解放自我，參與了 AI 機器人社團。

大學生涯中有太多可能性，過多的自由與選擇，反而讓溫盛豪感到迷惘。

是要好好過大學生活，加入社團、多認識朋友、多參與活動？還是努力當家教賺錢？還是以繁重的課業優先？究竟如何取捨，沒有同學能給他建議或答案。

最後溫盛豪決定，「只有小學生才做選擇，我三個都要、三個都做、三個都兼顧。」雖然每天都有家教課，他還是利用僅剩的時間去參加社團，參加機器人設計的學習課程……但他很快就發現，自己其實沒有那麼大的能耐。

他需要錢，也賺到了足夠支配生活的錢，但時間不夠分配；他開始做出抉擇， 先放棄某些時薪比較低的家教工作，儘量把時間挪出來；在課業方面，他在大一時的成績很好，但他在大二時開始減少心力在某些不太重要的科目上，甚至蹺課去增加機器人社團的參與時間，「課程有 pass 就好，成績高低先放一邊。」

大三時，因為花了許多時間在機器人社團，團隊的成就得到肯定，獲得資助出國比賽，開拓了溫盛豪的視野；有一次在社團活動中，一位學長突發奇想，他覺得應該可以把機器人與樂高積木結合，設計出教小朋友的教具。

這是個很大的觀念改變，在機器人的競賽中，一切以功能性為主，不在乎外表，只要達到賽制的設定目標就可以；但要設計出一個讓小朋友感興趣的產品，這對於整個團隊而言，是固定思維的顛覆，是一個非常困難的目標。

他開始有了不一樣的想法，家教是一種賺錢的方式，那麼把設計出來的教具機器人商品化，又何嘗不是另一種可能賺到錢的項目！

大四時，溫盛豪再次面臨抉擇，在傳統的觀念中，把書讀好，人生就贏了一半。他不否認這觀點，但面對未來，他到底要繼續念研究所？還是當兵退伍以後直接就業？

看到一些學長及優秀同學的例子，他發現或許後天的努力可以超越天賦，但並非絕對；很多學長或同學是從小就被培養，擁有更多的資源，並且更早就起跑；在專業工程師這領域，溫盛豪自知，不是只靠努力就能超越他們。

為了符合父母親的期望，溫盛豪還是申請到研究所，但他也讓父母了解自己的想法及的計畫，或許比念研究所有更好的選擇與未來；於是他捨棄了繼續求學而去服役，退伍後自己創業。

這件事帶給他一個很大的觀念翻轉，就是人生必定面臨抉擇，沒有一條路是完全正確與順利，每一個抉擇也不一定都帶來好的結果或正面的回饋。人生有不同的路徑選擇；該如何去走，一切取決於自我。

創業跌跌撞撞，更珍惜一切得來不易

溫盛豪說，在自己創業前，其實不曾體會太多的挫折。畢竟對一個清大高材生來說，找到家教工作很容易，家長願意付的薪水也比較高，讓他感覺賺錢不難；但實際進入社會後，狀況並不是如此。

他設計的課程，是讓小學一到六年紀的小朋友，能夠認知數理並不是那麼枯燥無聊又困難，利用一些簡單的試驗或有趣的教具，或許就能讓小朋友先學習到數理化的基本知識。

他的事業從竹科開始，許多家長都是科技人，他希望可以讓小朋友開始學習思考，與其先被定義以後要一定要走工科這條路，不如先找到自己的興趣，並且更直觀的學習程式或科學理論。

但是跟以往的家教工作不一樣，怎麼講述自己的理念才能被市場接受？客戶又為什麼要給予機會？家長不會因為他是清大畢業生，就一定要給他面子；從頭開始的創業路程，温盛豪自認不缺授課的經驗，不缺專業的知識，也不缺教學的技巧，但他還欠缺行銷的能力。

温盛豪深刻理解到，創業是一種深層的學習，尤其行銷。「我發現，如果自己不尷尬，尷尬的就是別人；在我所不擅長的行銷領域中，這樣的學習反而讓我得到更大的成長。」例如在街上發傳單時，如何在幾秒內得到別人的關注，並且得到他們的意見回饋，他覺得其中深藏學問。

在推廣自己課程與教具產品的過程中，只要有機會嘗試，温盛豪珍惜每一個機會。曾有一次，他發現一個機會能夠參加某個國際教育論壇，但是剛開始被拒絕了，因為相較於類似中國這樣的大市場，他在台灣的成績並不受主辦單位所青睞。

但是溫盛豪沒有氣餒，也沒有放棄，他展現出自己能把工程與教學結合的實力，不斷的與主辦單位溝通及爭取，最終得到在中國展演的經驗。

而也因為在論壇上的成功，有一家台灣公司希望能跟溫盛豪討論公司合併，共同開拓中國市場。殊不知一個成功的合作過程是如此的困難，不但合併計畫失敗，溫盛豪也因此結束公司，須重新開始。

創業一定不會那麼順利，很多業界間的合作，或者一些授課的經驗，以及嘗試製作教具產品，都不一定完全成功。溫盛豪說，「我珍惜自己得到的每個經驗、珍惜自己曾經付出的時間與精力、珍惜每一次的展演、珍惜每一次上台的機會、珍惜終於知道這一切得來不易；即使有些事情表面看起來很容易，但其實沒有付出就一定不會有回報。」

20 幾歲就創業的溫盛豪，從不專業到蛻變為專業，他勉勵大家，「**不要害怕自己的不專業；往往在克服不專業的熱忱中，可以帶給自己更不一樣的視野！**」

一位體制外講師的期待 —— 促進跨領域學習

即使是一流大學的高材生，溫盛豪從來不覺得自己是個學問上的聰明人，在他的認知中，自己算是努力型的學生；也因為自己的用功及努力，累積了許多經驗，於是在多年家教的過程中，他發現他比別人更能體會為什麼學生不理解課程的內容，因此可以做出更精準有效的教學，這種能力奠定了他在教育事業的開端。

從家教到自己創業的經驗中，溫盛豪有了一份理解，「很難說哪一種教學法一定最好，對學生最言，適合他的教學方式，就是最好的教學方式！」

「但是，我們還是可以追求一種學習法，這種學習法可以適合大多數的學生；更進一步來說，除了適合之外，這個方法還可以是有效的，是可以被國際認同的，而不是只有我們自己在台灣覺得好而已。」他發現，新穎的 STEM 教育逐漸成為全球認同的教學方法，也是教育產業未來的趨勢，像是台灣的 108 課綱就是以 STEM 為基礎而發展出來的，尤其在科學教育的部分。

所以他自己進修，成為美國 STEM 協會的認證教師，同時也讓他的創業品牌獲得美國 STEM 協會的認證！

溫盛豪努力把自己想要傳遞的觀念及知識具象化，為了達到具象化的目標，就需要許多跨領域的整合能力，針對不同年齡層的學生、不同領域的教學內容，他設計了很多獨特的教具，並結合不同的工廠來製造組合。

由於 AI 的技術發展，太單一的工作會慢慢的被淘汰，所以要加強跨領域的分析能力及整合，溫盛豪以自己為例，除了教導小學孩童學習數理知識，他也可以輔導國中升學，也可以跨足職業訓練領域，教導程式設計與 3D 繪圖。

面對變動劇烈的世代，要能勇於跳脫固定的思維模式，要有自我精進的動力，加強在不同領域的學習，「這些就是我希望傳達給學生及家長的概念」，溫盛豪這麼說。

疫情重創教育產業，公私交相煎熬

自己創業後，生活面的挑戰仍接踵而至。因為祖父過往的理財不慎，家中再次出現債務，母親為此罹患輕度憂鬱症；禍不單行，祖母這時也罹患了阿茲海默症，需要看護照顧，家庭經濟壓力倍增。這時因為溫盛豪已經有了一些經濟能力，他希望能幫助家人，因此想把公司賣掉。

他跟中型企業單位洽談交易事宜，但是因為商業經驗不足，沒有注意到這家企業的財務狀況；其實因為疫情，該企業的營運資金已經發生困難，無法付款。

而因為疫情大大影響了教育產業，即使自己的事業繼續維持經營，但是面臨找不到學生的極大壓力，種種困境可以說是同時發生！

因為承受了過多負面情緒所帶來的生活壓力，也影響到溫盛豪的情感生活，導致跟女友無法繼續相處。他也曾忍不住在父母面前痛哭，承認自己的失敗，「我甚至會想，如果可以在工作中累死，會不會是一種解脫。」

以往的人生，即使天塌下來還有父母撐著；但現在，付出了無數努力卻被打回原點，這些痛苦與煎熬都得要自己承受！

如何面對逆境帶來的負面情緒？

當然，每個人的人生都會有逆境，不要排斥自己的憤怒、悲傷、無助，而是去面對這些負面情緒，找到與逆境共處的模式。

溫盛豪覺得，這樣的過程很像練習冥想；冥想很難立即進入無我的狀態，總會有雜念不斷湧現，但是不要排斥，而是接受這個狀況，當雜念慢慢從心中排出，自然就能面對真正的自我。

當負面情緒產生，應該讓自己的心境盡可能更穩定，不一定要強迫自己一直去維持正能量，不要逼迫自己一定要在當下馬上站起來，而是要學習如何走出負面思維。以下，溫盛豪提供了一些很有效的方法。

首先探查自己的心境變化順序：

1. 極度負面的情緒，影響到了生活中的一切。
2. 學習開始與低潮共處，感受苦痛。
3. 告訴自己心中的憤怒沒有轉換成實際作為，是無法讓傷害你的人有所後悔的。
4. 將憤怒轉化成不甘心，並將不甘心轉化成可執行的實際作為。
5. 在情緒高峰漸漸度過之後，開始好好設想最差的狀況。
6. 設定目標，開始轉變！

站起來確實需要時間，可以嘗試從許多遠大目標中，先找到離自己最近的一個小目標，從不斷完成目標的成就中，讓自己的信心更強大，再逐漸把目標放遠，一步一步走出逆境。

萬一其中某個小目標也沒有達成呢？沒有關係，Nothing to lose，繼續努力。

温盛豪對自己說，「體驗過無奈的家庭悲劇，體驗過在公司交易的過程中被對方背叛，體驗到疫情突如其來的殺傷力，從這些打擊中，即使並沒有很成功的度過這些逆境，甚至可能有點失敗，但這些歷練，將是我變得更不平凡的開始！」

用實際作為走出經營逆境

疫情對教育產業造成的影響如此之大，但温盛豪也找出應對的方法，他改採精緻教學的小班制，減少人與人之間的接觸，避免疫情傳播，減少家長疑慮，也因此減少租金等等的營運成本。

對任何產業來說，資金都是經營面最重要的一環，在有限能力下，他開始做貸款金流規劃，尋求資金最大流動性；並且暫時放下與大型補教單位的合作，選擇小區域的經營做突破！

當產業遇到疫情這隻黑天鵝而陷入困境，就先從證明自我及團隊的價值著手，包括申請國際認證、產品專利，都能增加客戶的信賴度。並且，突破同業的惡言中傷，從第三方機構或團體的認證及肯定，可以讓市場知道誰的產品是值得信賴的。

而面對經營上的逆境，「**定義自我**」更重要。溫盛豪建議，應該尋找更多與自己對話的機會，或許在交通的路途中放鬆自己，或許工作結束後走出門去做一些簡單的運動，或者運用冥想適度的放空，把自己從疲累與煩悶的工作情緒中脫離出來！

溫盛豪深信，找到自我，就能找到擺脫逆境的方法及勇氣。與其說逆境是上天給我們的考驗，不如說是上天給我們的禮物，讓我們在生命中學習、成長，並成就人生。

溫盛豪小檔案：

易趣教育科技有限公司 執行長
美國 STEM 教育協會 認證講師
光與言教學中心 國高中自然科講師
勵活課程設計中心 特約講師
EZ-LAB 玩具設計師

16

詹歷蓁

讓自己擁有一群正向的夥伴

詹歷蓁轉念心法：

無論時光更迭，依然銘記曾經的初心，

感恩能夠相遇的每個緣分。

在職業生涯中能投入自己喜歡的領域，是幸福的；詹歷蓁就是這樣幸運的人。

詹歷蓁現在主要的工作，是一位社工。說是「工作」，倒不如說是她打從國中、甚至更早就奠定了這個方向。想從事這個工作，原生家庭的因素或許占絕大部分，所以當她知道助人工作可以是一門專業時，便決定往這個方向前進。

「因為父親在我很小的時候就離開了，我一直與母親相依為命，幼年時的我就明白，自己的家庭與別人有些不同⋯⋯。」那時，詹歷蓁的親戚中有一位阿姨是從事社會工作，她常自親人口中聽到，這位阿姨常常夜半四處找尋那些不回家的孩子、並協助一些有困難的家庭等等的故事，「我發現，原來有一種類型的工作，雖然辛苦，但是可以幫助許多人，並且也有收入！」這樣的發現，在她心中埋下一顆種子，令她對社會工作產生憧憬。

不過，初始母親並不希望詹歷蓁朝社工這條路走；主要的原因，在於擔心她的安全。畢竟社會工作協助的族群很廣、接觸的人物也相對複雜，加上家裡沒有父親或壯丁， 母親深怕若她在工作中遭遇到比較特殊的狀況，沒有人可以跳出來幫忙她或保護她。

因此，母親比較期待詹歷蓁就讀商科，未來的工作可能相對穩定，收入也更好，也能更快的改善家庭的經濟狀態。

曾經憧憬，如今踏穩社會工作的腳步

為了符合母親的期待，雖然數學成績普普，詹歷蓁在求學的過程中（從高中到大學時期）一直就讀商業管理相關學門，大學念的是醫務管理。直到大學畢業後，她發現有學分班一途可以選擇，才開始就讀社會工作師學分班，過了兩年白天工作、晚上讀書、假日實習的生活，終於考取了社工師證照。雖然小繞了一圈，還是踏入了她一心嚮往的領域。

如今回首，她不禁笑道，「曾經憧憬的未來，轉眼間已成為了現在。」

從考取社工師證照迄今，詹歷蓁雖然從事社工師的工作不到兩年；但是過往的她便已經在非營利組織從事助人工作。

「結果妳還是進來了，那就好好的去幹吧！」詹歷蓁在高中擔任學生志工時的督導——許淑茹社工，也曾跟她分享過社工的甘苦，但在得知她仍決定投入社會工作後，還是給予祝福。

「這麼多年，看著妳一步一步走著，恭喜妳終於走到妳期望的道路上了」，詹歷蓁的國中老師李寶鳳也感到欣慰。

剛開始從事社會工作時，雖然收到許多鼓勵，但她仍不時自我懷疑，「我可以做得到嗎？」畢竟社會服務工作常須承受他人的情緒，不時擔憂他人的情緒波瀾超越個人專業，深怕當時的自己沒能好好的服務個案。她也從周遭見識到一些滿極端的個案，像是打開瓦斯想跟社工「同歸於盡」的個案，或是精神狀況異常、拿著一把刀衝進辦公室要找社工「理論」的個案。

這些狀況時有發生，對於尚稱年輕的社會工作者來說，也算是某種「震撼教育」吧！

幸而，母親在她入行後反而常鼓勵她，對這份工作要心懷敬意，「我認為，社會工作往往是去介入、打破、或改變一個家庭原本的經營模式，因此從事這種工作，需要格外的審慎、用心投入。」

職場前輩或師長們也常分享許多個人經驗，提醒詹歷蓁，「社會工作者千萬不要把自己當作神，妄想自己可以『拯救』一個個案或家庭；還是要適度量力而為，不然會很快地將自己消耗殆盡，無法走更長遠的路。」

也是在一次一次的個案處理經驗中，詹歷蓁慢慢累積經驗，省思調整，逐漸找回對自我的肯定，相信自己是可以做得到的！

因為喜歡，把握機會開啟講師生涯

身為不愛受到限制的風象星座，詹歷蓁一直嚮往自由自在。至於她為何會走上講師這條路，她說要特別感謝當時就讀於亞東技術學院（現為亞東科技大學）時工讀單位的主管們、以及職涯顧問陳志欣老師。

當時，詹歷蓁在亞東技術學院的職涯發展中心工讀，在吳怡霙、彭淑意及張育芬老師的帶領下常有機會見到一些講師。

她感覺講師的工作時間自由、富有彈性，「加上我個性喜歡說話、與人接觸，又想多增加一些收入」，於是在與陳志欣老師進行一對一的職涯諮商時，她就表達了自己想當講師的意願，老師便介紹她認識了顏苾盈（小邁）、廖宇潔等多位講師前輩們、以及勵活文化的黃聰斌執行長。

這機緣讓詹歷蓁初次見識了講師的真實面貌，她記得有一天，看見小邁與宇潔兩位年輕老師為了溝通課程內容，一踏進附近的 7-11 就開始熱烈討論起來，「原來講師的工作是這樣地充滿機動性、隨時隨地都可以展開。」而兩位老師在規畫課程架構時認真、開心的神情，與對教育理念的熱忱及執著，都讓詹歷蓁留下深刻的印象，心生崇拜。

然而實際有教學的機會，則是緣自於 2019 年時，小邁老師熱情分享了羊毛氈的課程給她，讓詹歷蓁得以展開與勵活課程中心的合作。「恰好手作是我從小就擅長的，正可藉由這個媒介，讓我有機會開啟講師生涯」，她說。

無論是作為講師或助人工作者，要達到傑出、與眾不同，詹歷蓁認為「喜歡」這成分相當重要，「好比說我原本所學的領域是管理、會計，相信我努力也能夠做得很好；但不同的是，當「喜歡」這個元素融入了自己在做的事情之中，無論是助人工作或是課程教學，都能時時保持熱忱，即便累了，也只要睡一覺醒來，便有動力能繼續往前。」

目前除了手作課程，詹歷蓁也針對大學生講授工讀的職場倫理；畢竟她從小打工經驗豐富，而且也獲得學員相當熱烈的回饋，因為許多人都沒想到，「原來即使是工讀，也有這麼多職場的眉角及細節要注意啊！」

由於自己從事社會工作，對於人的敏感度特別高，也成為詹歷蓁在課堂上的教學特色。尤其是手作類型的課程，常常是親子一起上課，她覺得特別容易觀察到許多父母親與孩子互動的模式。有時，例如孩子不自覺間流露出希望父母給予更多陪伴的語言或訊息，被詹歷蓁留意到了，「我可能就會雞婆地提醒一下家長，孩子想要的未必是很多禮物，而是陪伴；當然這些也是要察言觀色，在適當的時機提醒！」

在更長遠的未來，詹歷蓁希望繼續攻讀研究所，透過研究所「凡事自己找答案」、更嚴謹的思辨與學術訓練，精進專業，讓自己更有能力幫助每一個來到她身邊的人。

慘遭職場霸凌，讓菜鳥深陷自責情結

而回首生命中的低谷，那些曾經很在意的事，詹歷蓁搖搖頭、輕笑說道，「其實，經過時間的洗禮後，一切都會變得雲淡風輕。雖然我不確定當自己若有一天再度陷入低潮時，能否還有這樣的心境，但是真得慶幸很多事情都過去了！這也印證了大學畢業那年我收到的一句祝福——『沒有經過歷練的生活，便沒有充滿精彩的人生。』」

對於詹歷蓁來說，職場中的人際關係，算是她生命中的重要挑戰及歷練。

她 17 歲即開始半工半讀，「我不確定這個年紀開始工作算是早還是晚，但對當時就讀職校的我而言，已經是同儕中較晚進入職場的了。」

然而，或許如同許多職涯專家所說，一個人踏入職場的前五年，大大地影響了他未來整段職涯的工作心態及發展歷程。這一點，之於詹歷蓁格外明顯。

回想那一年，詹歷蓁進入一個非營利組織（NPO）服務，擔任助理工作，同時利用晚上下班後的時間就讀社工師學分班。在當時，她的其中一項業務是自殺防治與臨終關懷。

「對我而言，與人互動的工作，和行政截然不同。行政工作，做錯了修正就好；而與人接觸的工作不然，每一句說出口的話都是有力量的。」然而，由於當時的主任並不知道詹歷蓁正就讀助人的相關專業學分班，其實她與個案能接觸的工作僅止於電話，實際的個案訪視，她必須透過專業的訪視志工協助，所以與個案實際能建立的關係仍然很有限。

某一天，有位詹歷蓁接觸不多的個案，結束了自己的生命。

發生這樣的事，團隊中的氣氛低迷是肯定的，沒有人的心裡是好受的。但，更令人驚訝的是，詹歷蓁的主管在事件發生後的第一時間把她叫進辦公室，對她說，「XXX 自殺了！」接著補上一句，「這要怪妳沒有及時做好處理，都是妳害的！」

這就是主管聽聞此事後丟給她的第一個反應、及第一句話，「當下，我先是感到震驚；當聽到主管把責任歸到我頭上時，則是感覺腦中一片空白，全然不知所措，開始自責，真的……是我害的？」

那天晚上，詹歷蓁記得，學校的課程剛好上到社工倫理，正討論到類似的情境；當時坐在教室第一排聽講的她，聽著老師講課的同時，再也忍不住情緒，淚水不斷地流了下來。因著助人工作者特有的敏銳度，當天課程的王淑楨老師在下課時走過來，趴在她的面前溫柔地關心她，讓她把事情的來龍去脈從頭到尾訴說一遍。

傾聽完她的描述後，老師跟她說，「不要擔心，妳並沒有做錯。」老師的話，將快要當場溺水的詹歷蓁拉了一把……

曾經，我以為自己永遠不會再好起來了！

但這樣被主管「判定有罪」的陰影，始終纏繞在詹歷蓁的心頭，難以揮去。她撐了半年後，因為主管在毫無徵兆的情況下突然將她調職，讓她難以接受，終於還是提出了辭呈。

離職前夕，她原本剛提出一個長照企劃案，對新的案子正滿心期待、蓄勢待發；如今不但沒有機會親自執行該案，連直屬主管也對她不諒解，認為她在公司業務繁忙之際撒手不管、欠缺責任感；種種的誤解與非善意的對待，令心思敏感的她承受到難以言喻的委屈與挫敗感。

某日下班經過新北歡樂耶誕城時，當日還下著大雨，詹歷蓁蹲坐在萬坪公園的大雨中，那時候她以為，以自己當下的狀態，「我當時甚至覺得，自己可能永遠不會再好起來了（恢復正常）！」

後來，詹歷蓁告訴淑楨老師，她提了離職；老師聽到她的決定後，也沒多問緣由，只有對她說道，「那個工作喔，不喜歡我們就不要做了啊！妳已經很棒了！」這種被「同理」的感覺，讓她在這段歷程中感受到深刻的溫暖與肯定。

在工作上被人否定，令詹歷蓁一度也猶如驚弓之鳥，常胡思亂想。後來有一間頗具規模的長照機構，主動多次邀約面試，但當時對自己已信心崩盤的詹歷蓁，初始竟解讀對方是故意為了刁難她、羞辱她，不是真心想找她面試；直到冷靜下來理性思考，她才理解，「對方應該真的只是欣賞我有長照的經驗吧，而不是想看我的笑話……」

自我調適，在新工作找回前進的動力

幸好，那時除了工作，假日時間詹歷蓁也同時在實習。雖然忙碌，但是不同的工作場域，還真的能夠讓自己暫時轉換心境，轉移注意力。

一日，她遇到當時不常見到的實習督導（也是她現在的主管），督導說，她發現之前每次見面總是充滿活力的詹歷蓁，不知怎麼看起來像是「累了」，忍不住出言關心。

這樣的詢問，讓詹歷蓁察覺，「若一個不常見面的督導都能察覺我的狀態，那時常和我相處的人，又將察覺到怎麼樣的我呢？」她開始不斷告訴自己，當實習結束後，自己即將成為一位助人工作者，若僅是遇到這樣的事情便陷入了低谷，那往後的她，又要如何能服務好來到她面前的每一位個案呢？「我必須調適自己，穩定好自己的狀態。」

離職後，詹歷蓁努力準備社工師考試，她想到考試前廖淑月老師所說的話，「考取證照的用意，不是為了讓妳爭取多少加薪的機會，那只會辜負妳想要成為助人工作者的美意；妳的證照，是讓妳能夠成為一個更有力量去幫助別人的角色。」

如同《愛麗絲夢遊仙境》中，愛麗絲遇到柴郡貓對她說，「如果妳不知道自己要去哪裡，那麼對妳而言、這裡是何處一點也不重要，因為走著走著，妳總會到達某個地方。」現在的她正穩定地一步步朝向目標精進，詹歷蓁相信，認真踏著眼前的腳步，總有一天會走到。

更重要的是，「要不時地檢視，現在我是否有好好地服務我的個案？我是否有好好地教學我所遇到的每位學員？」

詹歷蓁也很感謝現在協會的理事長以及她的長官陳麗芬祕

書長的任用，當她在新工作任職滿一年時，曾向主管說起了過往在職場的事，主管提醒她一直陷在過去的幽暗情緒中，會失去學習的機會；放下過去的事，才能夠給予自己更多容納一切的空間。

也是這位新工作的主管，在領導上展現了與過去主管截然不同的領導風格，讓詹歷蓁逐漸從過往不愉快的經驗中走出來，同時更加珍惜現在這份工作的種種，將昔日的委屈轉化為自己在新工作上更積極發揮的動力。

她也曾和學生時代多年的好友聊起此事，「他們覺得那時的我根本是『瘋了』，為了這樣的事把自己攪得很陰鬱；他們想多關心我，當時的我卻總是以發怒來回應，害他們既擔心、卻又難以多問。因此現在，他們很高興我能夠好好地、平和地談起這段往事。」

慎選友伴，為自己營造更正向的環境

逆境也可能是上天給我們的禮物，讓我們在生命中學習、成長。從過往的逆境中，詹歷蓁感覺自己最大的學習及體會是，「真正重要的東西，眼睛看不見，只有心才能體會。」

以上這句話來自於世界名著《小王子》，雖然詹歷蓁從小就很愛讀《小王子》，但是在經歷職場挫敗後，她有了更真切的體會：許多人、事、物並不似你眼睛所見，只有用心，才能看見人事物的本質與真相。

而許多人其實最後都將成為你生命中的過客，當下或許讓你極度在意與難受：然而當你真正成長茁壯後，坦白說早已不再介懷，只是要切記、時時提醒自己，「永遠不要成為自己曾經最討厭的那種人。」

這件事，也確實改變了詹歷蓁在工作中及人際相處的心態，「我學習到，有些事無須一味退讓，在柔軟的態度中依然要堅定自己的信念。如同現在在與個案接觸的工作中，我試著讓自己不害怕衝突；我知道，我不需要我的個案喜歡我，而我的任務是協助他們有機會能夠讓自己變得更好，這才是目的。」

「剛投入職場時的青澀，展現的是熱情；而成長後的沉澱，展現的是專業」，在工作中，詹歷蓁正走出青澀，逐步架構起她的專業城堡；但不可否認的是，「至今，我仍是一個很重視他人評價的人」。所以個性活潑的詹歷蓁，深知自己需要擁有一群正向的夥伴，「要找到對的人，聽聽自己的想法，因為有的人真的能幫助你越想越負面，哈哈！有時，即便只是跟夥伴說說笑笑，也能為自己帶來安定的力量。」

另一個在職場逆境轉念的方法，則是找到一些正向的寄託，持續為自己的心靈充電，或許是一份信仰，也或許是一種嗜好；而自己還是要不斷精進往前，自然能不斷累積處世的智慧與專業的自信，衝破職場逆風。

詹歷蓁小檔案：

就讀職商科、卻至今永遠算錯帳的社工，曾經為了學心理學讀了醫管系，不時幻想自己能夠當一隻貓。

喜歡閱讀，熱愛手作，從很久以前便想從事助人工作，當夢想與專業結合時的開心難以言喻。新手 OH 卡引導師一枚，最近喜歡的名言是海倫凱勒的那句：「將手中的燈提高一點，可以照亮更多的人」。

贏在逆境力
16 個打造更好人生的轉念公式

作　　者／勵活課程講師群
企畫與統籌／黃聰濱、林易璁
美 術 編 輯／申朗創意
責 任 編 輯／吳永佳
企畫選書人／賈俊國

總　編　輯／賈俊國
副 總 編 輯／蘇士尹
編　　　輯／高懿萩
行 銷 企 畫／張莉榮、蕭羽猜、黃欣

發　行　人／何飛鵬
法 律 顧 問／元禾法律事務所王子文律師
出　　　版／布克文化出版事業部
台北市中山區民生東路二段 141 號 8 樓
電話：(02)2500-7008　傳真：(02)2502-7676
Email：sbooker.service@cite.com.tw
發　　　行／英屬蓋曼群島商家庭傳媒股份有限公司城邦分公司
台北市中山區民生東路二段 141 號 2 樓
書虫客服服務專線：(02)2500-7718；2500-7719
24 小時傳真專線：(02)2500-1990；2500-1991
劃撥帳號：19863813；戶名：書虫股份有限公司
讀者服務信箱：service@readingclub.com.tw
香港發行所／城邦（香港）出版集團有限公司
香港灣仔駱克道 193 號東超商業中心 1 樓
電話：+852-2508-6231　　傳真：+852-2578-9337
Email：hkcite@biznetvigator.com
馬新發行所／城邦（馬新）出版集團 Cité (M) Sdn. Bhd.
41, Jalan Radin Anum, Bandar Baru Sri Petaling,
57000 Kuala Lumpur, Malaysia
電話：+603- 9057-8822　　傳真：+603- 9057-6622
Email：cite@cite.com.my
印　　　刷／韋懋實業有限公司
初　　　版／ 2023 年 02 月
定　　　價／ 350 元
I　S　B　N／ 978-626-7256-37-4
E I S B N／ 978-626-7256-42-8（EPUB）

城邦讀書花園　布克文化
www.cite.com.tw　WWW.SBOOKER.COM.TW